高等职业教育创新型教材

吴伟生　李　龙　杨东方　编著

DAXUESHENG ZHIYE SUYANG

大学生职业素养

（共 5 册）

册一

涵养大学生之"德"

北京理工大学出版社
BEIJING INSTITUTE OF TECHNOLOGY PRESS

高等职业教育创新型教材

大学生职业素养
（共5册）

册一 涵养大学生之"德"

吴伟生 李 龙 杨东方 编著

北京理工大学出版社
BEIJING INSTITUTE OF TECHNOLOGY PRESS

版权专有 侵权必究

图书在版编目（CIP）数据

大学生职业素养：共5册 / 吴伟生，李龙，杨东方编著. -- 北京：北京理工大学出版社，2022.10（2024.3重印）
ISBN 978-7-5763-1767-1

Ⅰ.①大… Ⅱ.①吴… ②李… ③杨… Ⅲ.①大学生－职业选择 Ⅳ.① G647.38

中国版本图书馆 CIP 数据核字 (2022) 第 192321 号

出版发行 / 北京理工大学出版社有限责任公司	
社　　址 / 北京市海淀区中关村南大街 5 号	
邮　　编 / 100081	
电　　话 /（010）68914775（总编室）	
（010）82562903（教材售后服务热线）	
（010）68944723（其他图书服务热线）	
网　　址 / http: //www.bitpress.com.cn	
经　　销 / 全国各地新华书店	
印　　刷 / 北京虎彩文化传播有限公司	
开　　本 / 710 毫米 × 1000 毫米　1/16	
印　　张 / 16.75	责任编辑 / 李慧智
字　　数 / 224 千字	文案编辑 / 李慧智
版　　次 / 2022 年 10 月第 1 版　2024 年 3 月第 3 次印刷	责任校对 / 周瑞红
定　　价 / 54.80 元（共 5 册）	责任印制 / 李志强

图书出现印装质量问题，请拨打售后服务热线，本社负责调换

《大学生职业素养》编委会

主 任 委 员：吴伟生　李　龙　杨东方
副主任委员：管玲凤　王　芬　李　钢　沈佳立　刘建军
委　　　员：曾亚平　高双喜　周　姝　郑　桂　文洁玉　李孝刚
　　　　　　戴　航　罗　雯　欧阳南希　陈天宇　罗人蜜　廖　鹏
　　　　　　黄晓磊　蒋　维　肖哲韬　粟炜皓　吴　娱　伍　丹

前　言

德智体美劳是对人的素质定位的基本准则，也是人类社会教育的趋向目标，所以人类社会的教育就离不开德智体美劳这个根本。琴修德，棋开智，书练体，画蕴美。我国的人才教育有着悠久的历史传承。《大学》中提到"大学之道，在明明德，在亲民，在止于至善"，这是人才培养的"三纲领"，而"格物、致知、诚意、正心、修身、齐家、治国、平天下"阐述的是怎样培养人的问题。

21世纪的今天，我们的教育方针、教育目标在传承优秀传统的同时，更应切合时代需求。新时代对人才培养和学习提出了新的更高要求。习近平总书记在全国教育大会上的讲话中指出"在党的坚强领导下，全面贯彻党的教育方针，坚持马克思主义指导地位，坚持中国特色社会主义教育发展道路"，《中华人民共和国教育法》第五条提出"教育必须为社会主义现代化建设服务、为人民服务，必须与生产劳动和社会实践相结合，培养德智体美劳全面发展的社会主义建设者和接班人"，明确地回答了教育的根本问题，那就是培养什么人、怎样培养人、为谁培养人。在党的坚强领导下培养德智体美劳全面发展的社会主义建设者和接班人，这是新时代党的教育方针的重要表述。坚持办学的正确政治方向，立德树人，知行合一，以美育人，崇尚劳动，增强学生的综合素养，是德智体美劳全面发展的主要路径。

《大学生职业素养》旨在以高职院校学生走向工作岗位应该具备的综合职业素质和社会、企业对员工的一些基本要求为出发点，全面提升大学生的综合素养。本书内容既结合高职学生在校的学习生活实际，又体现未来不同岗位就业的基本职业素养要求，对学生发展成为"全面的人"有重要意义。本书主要包括涵养大学生之"德"、增进大学生之"智"、锤炼大学生之"体"、提升大学生之"美"、强化大学生之"劳"5个模块，通过对德智体美劳的意义、内容、实践、案例等分析，深刻阐释其意义和内涵，以期助力大学生弘扬社会主义核心价值观，努力做到德智体美劳全面发展，逐步从"校园人"转变为"职业人"，将学习能力转化为职业素养，实现职业、事业的终身可持续发展。

根据职业教育改革发展的形势特点，特别是我国进入"大众化"教育阶段的实际，本书每一章都附有真实典型的素质教育案例，特别是优秀大学生的典型事例，理性教育与感性教育相结合，使课程教学更具感染力和说服力，对学生具有一定的吸引力。全书从广阔的文化背景出发，融会了社会学、哲学、心理学、教育学等各类学科知识，论述中既有较为深入的理论分析，又旁征博引了大量的资料、案例，两方面相互印证。

本书在系统总结我国职业院校高素质人才培育工作经验的基础上编写而成，具有很强的针对性，完整的内容模块为职业院校组织大学生德智体美劳综合素养教学培育和综合评价提供了遵循。本书由湖南高速铁路职业技术学院吴伟生书记担任主编，历时一年编写完成，是全国职业院校首部全面响应国家教育方针最完整的教材。

编写组由 26 位作者组成，包括教育教学方面的专家教授以及在德智体美劳五育方面有突出成果的教学名师、工匠大师、创业导师。本书以典型任务（子模块）为基本组织单位，在 3 年的使用过程中，教师可以根据具体情况对教材相应内容进行二次开发，可以做到分学期、分阶段的教学实施，实现教材使用者按需定制，力求成为职业院校高素质人才培育的"施工图""工具书"。

大学生职业素养教育是一种特殊的教育，大学生职业素养的教育评价是最复杂、最困难的一种教育评价。本书收录了具有代表性的大学生职业素养评价的实践案例，为全国职业院校科学评价大学生职业素养提供了参考样板。书中所提出的多维度指标评价为学生指明了发展方向，引导学生关注自身发展、发掘自身潜能与特长，引导学生关注同伴发展，实现同伴学习与朋辈激励。

目录

模块一　涵养大学生之"德" ……………………………………………1
　任务一　提升自我道德认识……………………………………………5
　任务二　遵守公民道德规范……………………………………………17
　任务三　引领社会道德风尚……………………………………………30
　任务四　积极投身道德实践……………………………………………39

模块一

涵养大学生之"德"

任务一　提升自我道德认识
任务二　遵守公民道德规范
任务三　引领社会道德风尚
任务四　积极投身道德实践

学习目标

1. 加强道德修养，弘扬社会主义道德。
2. 遵守道德规范，争做文明公民。
3. 引领道德风尚，凝聚向上力量。

思维导图

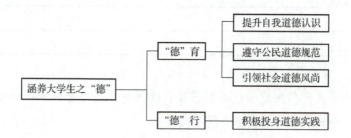

导读摘要

　　道德是社会关系的基石、人际和谐的基础。国无德不兴，人无德不立。古人说："大学之道，在明明德，在亲民，在止于至善。"社会主义道德是人类道德发展史上一种崭新类型的道德。大学承载着塑造灵魂、塑造生命、塑造新人的重任，需要提升大学生的社会主义道德认知，激发大学生形成善良的道德意愿、道德情感，遵守社会主义道德规范，培育正确的道德判断和道德责任；引领社会主义道德风尚，提高大学生的道德实践能力尤其是自觉践行能力，引导大学生向往和追求讲道德、尊道德、守道德的生活，形成向上的力量、向善的力量。

为什么说"立德树人"是新时代教育的根本任务?

观点一:培养德才兼备、以德为先的社会主义建设者和接班人,是学校教育的根本任务和初心使命,乃党之所期、国之所系、民之所愿,任重而道远。

观点二:合格的人才是什么?答案就是"德才兼备,以德为先"的人才。德之首要为政治品德,就是要有坚定的理想信念,对党忠诚,热爱祖国,热爱人民。学校承担为国家培养各行各业建设者的任务,除了本专业知识的传授,更重要的是对学生进行未来从事职业的道德准则教育。社会公德与家庭美德是为人处世的基础,个人组成家,家组成社会,齐家、治国、平天下,前提是个人要修身,修身就是修德,修德从身边、从家庭做起,积"小"德成"大"德。

你的观点:_____
_____
_____

请在课前查阅相关资料或者根据自己的理解,用简要的语言对资料内容进行概括,并形成自己的观点准备课堂发言。

模块一　涵养大学生之"德"

提升自我道德认识

学习目标

1. 自觉传承中华传统美德。
2. 积极践行为人民服务。
3. 发扬集体主义精神。

思维导图

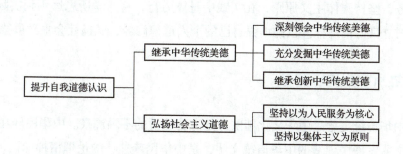

主题讨论

为人民服务高不可攀、远不可及吗？

观点一："为人民服务"是中国共产党的宗旨，是那些先进分子的事情，跟我们普通老百姓没有什么关系。

观点二："为人民服务"的思想并不是高不可攀的，而恰恰是人人可为的，它通过不同层次、不同形式表现出来。共产党员和先进分子毫不利己、专门利人、无私奉献，是为人民服务；人与人之间互相关心、互相爱护、互相帮助，是为人民服务；爱岗敬业、做好本职工作，是为人民服务；诚实劳动、合法经营，也是为人民服务。我们人人都可以成为"为人民服务"的践行者和引领者。

你的观点：_____

_____

请在课前查阅相关资料或者根据自己的理解，用简要的语言对资料内容进行概括，并形成自己的观点准备课堂发言。

"道德之于个人、之于社会，都具有基础性意义，做人做事第一位的是崇德修身"。大学生加强自身道德修养，要了解和学习优秀的文化思想，用中华传统美德等优秀的精神食粮丰富自己的文化内涵，提高道德修养水准，逐渐培养高尚的道德情操；还要积极参与到社会实践中，从身边小事做起，坚持为人民服务，坚持集体主义原则，在实践中身体力行，将所学所思运用到实际行动中，树立良好的榜样并以此增强自己的个人道德修养，弘扬社会主义道德。

一、继承中华传统美德

中华传统美德是中华文化精髓，是道德建设的不竭源泉。中华民族在5000多年文明发展中创造的中华道德文明，是中华民族独特的伦理精神标识，是激励中国人民树立高度文化自信和文化自觉的精神力量。

名人语录

以家为家，以乡为乡，以国为国，以天下为天下。

——《管子·牧民》

（一）深刻领会中华传统美德

中华传统美德中蕴含的思想道德资源包括仁、义、礼、智、信、孝、悌、忠、廉、耻、勤、勇、敬、恕、谨、俭、忍、友、慈、和等中华传统美德，其内容博大精深，涉及社会生活的各个领域。其中"仁"是品德的总领，仁者爱人，从爱自己的亲人、爱人，再由己及人，到爱他人、爱众人，而且地位越高，需要爱的人越多。孔子提出的"仁"是做人要追求的一个境界，然后他还指导了我们，要怎么去修炼，以达到"仁"的境界。

如，大禹治水"三过家门而不入"的故事，讲的是舍小家为大家，爱他人、爱众人。

很久很久以前，洪水经常泛滥。大水淹没了田地，冲毁了房屋，毒蛇猛兽到处伤害百姓和牲畜，人们的生活痛苦极了。洪水给百姓带来了无数的灾难，必须治好它。当时，一个名叫鲧的人领着大家治水。他只知道筑坝挡水，九年过去了，洪水仍然没有消退。他的儿子禹继续治水。禹离开了家乡，一去就是十三年。这十三年里，他到处奔走，曾经三次路过自己家门口。可是他认为治水要紧，一次也没有走进家门看一看。

禹吸取了鲧治水失败的教训，采取疏导的办法治水。他和千千万万的人一起，疏通了很多河道，让洪水通过河道，最后流到大海里去。洪水终于退了，毒蛇猛兽被驱赶走了，人们把家搬了回来。大家在被水淹过的土地上耕种，农业生产渐渐恢复了，百姓重新过上了安居乐业的生活。

在坚守道德底线方面，中华传统美德强调"己所不欲，勿施于人""与人为善""以己度人""推己及人""君子忧道不忧贫"，主张要恪守"良知"，做到"俯仰无愧"。在树立道德理想方面，强调"大道之行也，天下为公"，人要"止于至善"，有社会责任感，追求崇高理想和完美人格，倡导"兼善天下""利济苍生""修身齐家治国平天下""见贤思齐焉，见不贤而内自省也"，追求做君子、成圣贤。从古至今，有许多能够体现中华民族美德的故事代代传诵，对大学生学习、工作、生活有着重要的指导意义。

如，程门立雪的故事，讲的是尊师重教、文明有礼。

杨时是宋朝著名学者。他很爱学习，也非常尊敬老师。相传有一次，他和一个同学在读书时争论起来。为了尽快弄清问题，他们就冒着鹅毛大雪，一同去请教程颐老师。

走到程老师家门口，杨时刚想敲门，忽然，听见程老师打鼾的声音，就悄悄地对同学说："程老师正在午睡，咱们在这儿等一会儿吧！"他们就站在门口，默默地背书，静静地等待着。

过了很久，程老师醒来，发现两个学生站在门口的雪地里，就急忙把他们拉进屋里，心疼地说："外边雪这么大，你们为什么不进屋呢？"杨时望着程老师慈祥的面容，说："老师，您在休息，我们怎么能惊动您呢！"程老师听了，两眼望着门外漫天飞舞的大雪，久久没有说话。

如，老妇人打枣的故事，讲的是尊重他人、包容他人。

杜甫草堂附近住着一位老妇人，她无儿无女，生活很艰难。每到秋天，她常常到草堂前的枣树下打枣，把枣掺在野菜粥里煮着吃。看到老妇人打枣，杜甫心想，如果她不是实在贫穷无靠，怎么会跑到别人房前来打枣吃呢？因此，无论是老妇人什么时候来打枣，杜甫从不干涉。

后来，杜甫搬走了，把草堂让给一位姓吴的亲戚居住，吴家人在草堂周围插上篱笆，以防老妇人来打枣。杜甫知道后，提笔写了一首诗《又呈吴郎》。"堂前扑枣任西邻，无食无儿一妇人。不为困穷宁有此，只缘恐惧转须亲。即防远客虽多事，便插疏篱却甚真。已诉征求贫到骨，正思戎马泪盈巾。"吴家人读后深感惭愧，于是主动拆掉了篱笆，以方便老妇人来打枣。

如，《西游记》里的唐僧师徒4人一起去西天取经的故事，讲的是和衷共济、团结和睦。

唐僧、孙悟空、猪八戒和沙悟净，他们性格迥异，各有优缺点，但共同的理想将他们联系在一起，一路虽多有冲突、险象环生，但终能同心协力、各显神通，历经千山万水，终于完成取经大业，并获得个人事业的成功，修成正果。在取经团队中，4个人是相互依存、缺一不可的。

唐僧虽然既非擒妖能手，又不会料理行程上的事务，但是他能把握大局，信念坚定，既得到了上司的直接授权，又有广泛的社会资源。唐僧得到唐太宗的直接任命，被授以袈裟和紫金钵，又得到以观音为首的各路神仙的广泛支持和帮助，起到了凝聚和完善的作用，是团队的核心人物。孙悟空本领超强，冲锋陷阵，不拘小节，起着创新和推进的作用，是实现组织目标的关键人物。猪八戒虽然本事稀松，组织纪律性不强，好吃懒做，贪财好色，但具有乐观主义精神，能屈能伸，能说会道，在项目组中承担了润滑油的作用，并起到信息沟通和监督的作用。沙和尚言语不多，任劳任怨，承担了项目中挑担等粗笨无聊的工作，起到了协调和实干的作用。

师徒几人的技能相互补充，相得益彰，这是团队成功的关键。

新时代，对"仁"有了更多的诠释，比如"仁"还应该包含爱自然、爱生命、爱生活、爱地球，要保护地球的环境，为人民服务，共同富裕等。正是这些宝贵的中华传统美德，激励着中华儿女奋发进取，从一穷二白、封闭保守走向繁荣富强、改革开放，这是我们巍然屹立于世界民族之林的根源所在。

（二）充分发掘中华传统美德

从文化自信的高度认识中华传统美德的时代价值，以礼敬自豪的态度对待中华传统美德，深入挖掘古代浩瀚书卷中有价值的文本，尤其是蕴含其中的思想观念、经典话语、道德理论、榜样模范，揭示其本来意义、引申意义及历史传承，探讨一些常见历史资料的新时代意义，充分发掘文化经典、历史遗存、文物古迹承载的丰厚道德资源，弘扬古圣先贤、民族英雄、志士仁人的嘉言懿行，让中华文化基因更好地植根于大学生的思想意识和道德观念，使大学生从内心深处真正认可、从情感深处真正接受、从行动上真正践行中华传统美德，用蕴含其中的精华滋养当代大学生的道德世界，守护当代大学生的精神家园。

（三）继承创新中华传统美德

善于继承才能善于创新。穿越千年时空，中华传统美德依然闪耀着无穷魅力，永远镌刻在古圣先贤、民族英雄、志士仁人的嘉言懿行中，表现在讲仁爱、重民本、守诚信、崇正义、尚和合、求大同的思想理念中，具有永不褪色的时代价值。新时代培养大学生职业素养，仍然需要从中华传统美德中汲取养分、凝聚力量。我们要利用好中华优秀传统文化中的这些宝贵资源，深入挖掘自强不息、敬业乐群、扶正扬善、扶危济困、见义勇为、孝老爱亲等传统美德，并结合新的时代条件和实践要求继承创新，增强大学生的价值判断力和道德责任感，不断提高大学生的道德水平，提升大学生的道德境界。

二、弘扬社会主义道德

（一）坚持以为人民服务为核心

社会主义道德的核心是为人民服务。习近平总书记在纪念五四运动100周年大会上的讲话中指出："新时代中国青年运动的主题，新时代中国青年运动的方向，新时代中国青年的使命，就是坚持中国共产党领导，同人民一道，为实现'两个一百年'奋斗目标、实现中华民族伟大复兴的中国梦而奋斗。"① 回望历史，一批又一批大学生报效祖国、服务人民，投身中国共产党领导的伟大事业，在中国革命、建设、改革的历史画卷中写下了极为动人和精彩的篇章。

【案例】

湖南高铁职院励志榜样入选《绽放吧！青春榜样》

由光明日报出版社出版的《绽放吧！青春榜样——百名优秀高职学生党员风采录》一书在湖南高速铁路职业技术学院师生中受到追捧，其中第一章"励志榜样"，收录了介绍该院学生党员刘凯事迹的《从军人到村支书，一个社招生的家乡追梦之旅》一文。文中讲述了社招生刘凯退役后，考入湖南高铁职院给排水1903班学习，毕业后投身家乡的文明建设，2020年任衡南县云集街道泉梓社区"两委"委员、第一支部书记，主管组织、党建、青年、农林水一门式服务，推动乡村振兴的榜样故事。

《绽放吧！青春榜样——百名优秀高职学生党员风采录》是由中国高等教育学会职业技术教育分会、全国高职高专党委书记论坛、全国高职高专院校思想政治理论课建设联盟和光明日报出版社组织编写并出版。书中选取了新时代下全国百名优秀高职学生党员的先进事迹，并有每个学校的党委书记或校长对入选优秀学生党员的寄语或点评。自今年3月

---

① 2019年4月30日习近平在纪念五四运动100周年大会上的讲话，来源：新华网。

起，全国200多所高职高专院校积极投稿，最终湖南高铁职院的先进典型案例脱颖而出，入选该书第一章"励志榜样"。

学院党委书记吴伟生饱含热情地写下寄语："一个社招生慕名来到湖南高速铁路职业技术学院深造，经过了从军人到大学生再到村支书的多重角色的转变，不仅提升了个人专业技能，还能运用所学回家乡创业，创业成功后还进一步扛起大学生党员的时代使命，返乡担任村支书，投身家乡的文明建设，彻底改变家乡面貌，推动乡村振兴。刘凯同学的故事充分彰显了职业教育的价值和魅力，也是我们职业教育工作者最大的欣慰。"

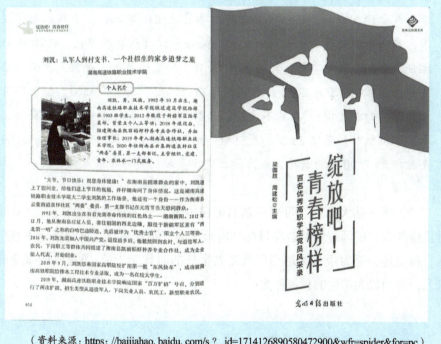

（资料来源：https://baijiahao.baidu.com/s？id=1714126890580472900&wfr=spider&for=pc）

（1）坚定理想信念。紧密联系中国共产党和中国人民的奋斗历程，深刻领悟马克思主义中国化的内在道理，深刻领悟为什么历史和人民选择了中国共产党和社会主义，了解中华民族历史，秉承中华文化基因，持续深入学习习近平新时代中国特色社会主义思想，增强"四个意识"，坚定"四个自信"，忠诚拥护"两个确立"，坚决做到"两个维护"，坚定不移感党恩、听党话、跟党走。

大学生职业素养

【案例】

夏明翰的故事

夏明翰（1900—1928），字桂根，湖南省衡阳县人，中共党员。1917年入湖南省立第三甲种工业学校学习。1919年在衡阳参加学生爱国运动。1923年任中共长沙地区执委书记。1925年任中共湘区执委委员兼农运书记。1927年任全国农民协会秘书长兼武汉中央农民运动讲习所秘书。同年任北伐军政治部宣传部部长，参加第二期北伐。大革命失败后，奉命调回湖南，任中共湖南省委委员兼组织部部长。中共八七会议后，在湖南积极参加组织秋收起义，兼任平江浏阳特委书记。1928年初调任中共湖北省委委员。同年3月18日，因交通员叛变告密，在汉口东方旅行社被捕。3月20日，在武汉汉口余记里刑场英勇就义，留下那首大义凛然的就义诗："砍头不要紧，只要主义真。杀了夏明翰，还有后来人！"牺牲时，年仅28岁。夏明翰是无产阶级革命家，革命烈士。2009年被评为"100位为新中国成立做出突出贡献的英雄模范人物"之一。

（2）树立远大志向。习近平总书记在中国人民大学考察时指出："立足新时代新征程，中国青年的奋斗目标和前行方向归结到一点，就是坚定不移听党话、跟党走，努力成长为堪当民族复兴重任的时代新人。"争做党的事业的接班人，是当代大学生的积极作为。

名人语录

古之立大事者，不惟有超世之才，必有坚韧不拔之志。

——苏轼

立志、工作、成功是人类活动的三大要素。立志是走向成功的大门。

——巴斯德

对于一个青年大学生来说，志向是非常重要的。为实现中华民族伟大复兴的中国梦而奋斗，是当代大学生人生难得的际遇。必须以国家富强、人民幸福为己任，忠于祖国、忠于人民，把自己的理想同祖国的前途、把自己的人生同民族的命运紧密联系在一起，投身中国特色社会主义伟大实践，用脚步丈量祖国大地，用眼睛发现中国精神，用耳朵倾听人民呼声，用内心感应时代脉搏，把对祖国血浓于水的感情、与人民同呼吸共命运的精神贯穿于学业全过程、融汇在事业追求中，努力成长为堪当民族复兴重任的时代新人。

（3）投身奋斗一线。时时想到国家，处处想到人民，坚持艰苦奋斗，不贪图安逸，不惧怕困难，不怨天尤人，勇于到艰苦环境和基层一线去担苦、担难、担重、担险，到新时代新天地中去施展抱负、建功立业，体察世间冷暖、民众忧乐、现实矛盾，依靠勤劳和汗水开辟人生和事业前程，从中找到人生真谛、生命价值、事业方向，让青春之花绽放在祖国最需要的地方，在实现中国梦的伟大实践中书写别样精彩的人生。

【案例】

成思慧荣获"全路青年岗位能手"称号

从守护安全的"微笑天使"到名副其实的"业务明星"的转变，在工作岗位短短6年时间，用自己的实际行动获得全国铁道团委授予的全国铁路第二届新入路青年职业技能竞赛"全路青年岗位能手"等荣誉称号，她就是湖南高速铁路职业技术学院毕业生——铁道运输学院铁运0901班成思慧。

大学生职业素养

在校学习期间,她担任班级学习委员,学习勤奋努力,自我要求严格,对班级责任心强,团结友爱,深受同学们喜爱和学院领导老师好评。在工作中她有股不怕难、不怕累的干劲,为了"充电",随身携带一个小本子,勤于利用休班时间,背记新知识,学习应急处置,收集难题错题,她时常定个小目标,将业务内容分成"少量多次"来进行学习,充分利用刷牙、吃饭、睡觉前的空隙时间,"见缝插针"地在脑中一遍一遍描摹示意图中的线路和站点加深记忆。她所做的这些努力,都是为了列车安全、正点,让每位旅客都能有个舒适满意的旅行。

2014年1月,她因业务优秀被抽调到南宁铁路局12306客服中心学习,经过一段时间刻苦钻研,她对规章制度已熟稔于心,面对旅客咨询"难不住";2015年,她在全国铁路第五届客运系统职业技能竞赛中获得优秀奖;2016年,在第三届广西高铁职工职业技能竞赛中夺得列车员个人全能第一名,荣获广西五一劳动奖章,这是南宁客运段近年来最年轻的唯一以女列车员身份获此殊荣的职工,成为名副其实的"业务明星";2017年在"振兴杯"铁道行业青年职业技能竞赛中成为满分选手,最后被全国铁道团委授予"全路青年岗位能手"称号。

(资料来源:http://www.htcrh.com/content/xueyuanyaowen/690.html)

> **名人语录**
>
> 一个人的发展,取决于和他直接或间接进行交往的其他一切人的发展。
>
> ——马克思

(二)坚持以集体主义为原则

一滴水只有放进大海里才永远不会干涸。集体是个人成长的沃土,集体利益也是个人利益的依托。

回望历史,中华民族屡经挫折而不屈,屡遭坎坷而不衰,成为世界历史上唯一文明不曾中断的伟大民族,其重要原因也在于,"天下兴亡,匹夫有责"乃至舍生取义的集体主义精神已深深融入我们的民族意识中。这样的集体主义精神所迸发出的力量，一次又一次地挺起这个古老民族的脊梁，铸就了这个泱泱大国的尊严。这种精神，体现为战火纷飞年代的"我以我血荐轩辕"，体现为和平建设时期的"敢教日月换新天"，体现为复兴路上的"只争朝夕，不负韶华"，也同样体现为"战疫"大局下的众志成城、令行禁止，一方有难、八方支援。

当个人价值、集体利益、国家安危融为一体，战胜疫情就有了坚不可摧的精神堡垒。有困难挑战不可怕，个人、集体与国家协调一致、同心同向，就能踏平坎坷成大道。

当代大学生坚持集体主义原则，要从以下几个方面着手：

（1）热爱集体。作为一名学生，对于班集体来说团结一致，齐头并进，互帮互助，大家心往一处想，劲往一处使，这就是班级的集体主义。对于学校来说，热爱我们的校园，尊敬老师，努力学习这也是集体主义的体现，我们要自觉维护学校的形象，努力争做学校的窗口，体现学校的良好形象。

（2）坚定立场。自觉抵制社会不良风气，遇到问题要坚定立场，多动脑筋，多想办法，从身边的一言一行做起，对于同学当中存在的不正确认识要积极加以引导，互相帮助，不为金钱，名利所迷惑，以崇高的信念为支撑，努力营造良好的校园风气。

（3）乐于奉献。你在大学期间努力学习，学到了很多别人没有学到的东西，培养了职业素养，当你走上工作岗位时，在大学课堂学到的专业知识很有可能就会让你脱颖而出成为职场上的佼佼者，从而使你拥有更多的机遇来实现自己的理想和追求。你不奉献、我不奉献，谁来奉献？你也索取、我也索取，向谁索取？学会讲奉献，发扬奉献精神，吃苦在前，享受在后，这些都是新时期集体主义精神的集中体现，只有学好了这些才能使我们成为一个对社会有用的人。

【案例】

集体的力量

相传，佛教创始人释迦牟尼问他的弟子："一滴水怎样才能不干涸?"弟子们面面相觑,无从回答。释迦牟尼告诉弟子:"把它放进大海里。"

一滴水只有融进大海,才会有不竭的生命。

一只大雁只有飞入雁阵,才会有成功的迁徙。

一只蚂蚁加入蚁群,才会有搬动庞然大物的可能。

生长在美国的红杉树,高达约100米,相当于30层楼高。一般来说,越高大的植物,它的根扎得越深,但红杉的根只是浅浅地浮在地面。理论上讲,高大的植物,如果它的根不深,是经不起风雨的洗礼的,但是红杉树却能在风中屹立不倒。研究表明,红杉总是成片地生长,一大片红杉彼此的根紧密相连,一株连着一株,结成一大片。所以,自然界中再大的狂风,也无法撼动几千株根部紧紧相连、占地超过上千公顷的红杉林。

这个世界上没有完美的个人,一个人再完美也只是一滴水,而团队才是大海。

模块一 涵养大学生之"德"

遵守公民道德规范

学习目标

1. 了解新时代公民道德建设的基本内容。
2. 掌握社会公德、职业道德、家庭美德、个人品德建设的行为规范。

思维导图

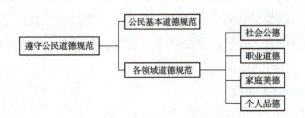

主题讨论

**全面依法治国的新时代，
我们为什么还需要加强公民道德建设？**

观点一：法治是人类社会进入现代文明的重要标志。我国坚持全面依法治国，因而我们只需要依法规范自己的行为，不需要再遵守道德了。

观点二：谈法治并不是不要道德。从整体上而言，法律和道德应该是同质同源的，二者的分离只不过是人类主体在现实生活的关系属性在不同层次上的反映。正是基于法律和道德之间的辩证关系，它们之间构成一种互相支撑而彼此互动的机制。法治其实是和人治相对的，并不是和德治相对立。坚持法治并不意味着否定人的作用，也不是把人完全置于法的对立面，法治建设里必然包含了道德建设。用法治来促进公民的道德建设，可以说是法治的一种内在需要。

你的观点：_____

_____

请在课前查阅相关资料或者根据自己的理解，用简要的语言对资料内容进行概括，并形成自己的观点准备课堂发言。

公民道德建设，对于提高人民思想觉悟、道德水准、文明素养，提高全社会文明程度，具有至关重要的作用。弘扬社会主义道德，必须坚持以为人民服务为核心、以集体主义为原则，推进社会公德、职业道德、家庭美德、个人品德建设。《新时代公民道德建设实施纲要》强调，要把社会公德、职业道德、家庭美德、个人品德建设作为着力点，鼓励人们在社会中做一个好公民，在工作中做一个好建设者，在家庭里做一个好成员，在日常生活中养成好品行。

一、公民基本道德规范

中共中央《公民道德建设实施纲要》提出了"爱国守法、明礼诚信、团结友善、勤俭自强、敬业奉献"二十字的公民道德基本规范。它不仅体现了道德的先进性与道德的广泛性的统一，还体现了中国传统美德、革命道德和社会主义市场经济条件下产生的新道德的统一。

（一）爱国守法

爱国守法是公民对国家的最首要的道德义务。公民应当热爱国家、建设国家、保卫国家，维护国家的尊严，保守国家的机密，敢于同一切危害国家利益和安全的行为做斗争，把对国家的一切义务和责任看成是自己的天职。"守法"

是公民道德最低层次的要求。公民应当维护法律确定的最基本的政治秩序和社会秩序，尽法律所规定的一个公民应尽的义务。同时，"爱国主义"体现了社会主义集体主义原则，公民通过爱国守法去实践集体主义的道德要求。

（二）明礼诚信

明礼诚信是公民如何待人的道德规范。在我国，无论在何种场合，无论从事什么样的活动，公民彼此都应该讲文明、讲礼貌、讲诚实、讲信用。我国自古以礼仪之邦著称于世。在改革开放的条件下，特别是我国加入WTO之后，国际交往日益增多，公民能否明礼，关系到世界对我们国家的形象和文明程度的评价，因此，"明礼"具有特别重要的现实意义。"诚信"是人与人之间交往关系中最基本的道德，是公民道德人格中的基本要素之一。在经济活动中要诚信，杜绝假冒伪劣、坑蒙拐骗；在日常生活中也要信守诺言，忠诚待人。

名人语录

诚者，天之道也；思诚者，人之道也。
——孟子

人无信则不立。诚信和道义，是做人做事的基本准则，也是构建和谐社会的重要基础。

如信义兄弟的事迹，讲的就是言忠信、行笃敬。

孙水林、孙东林，湖北省武汉市黄陂区泡桐镇人，武汉东方建筑集团有限公司项目经理。2010年2月9日，腊月二十六，在北京做建筑工程的孙水林回到天津，原定与暂住在天津的家人和弟弟孙东林聚一天再回武汉，但他查看天气预报了解到，此后几天，天津至武汉沿线的高速公路，部分地区可能因雨雪封路。他决定赶在封路前赶回武汉，给先期回武汉的民工发放工钱。春节前发放工钱，是他对民工的承诺。

当晚，孙水林提取26万元现金，带着妻子和3个儿女出发了。次日凌晨，他驾车行驶至南兰高速开封县（开封市祥符区）陇海铁路桥段时，由于路面结冰，发生重大车祸，20多辆车连环追尾，孙水林一家5口全部遇难。

弟弟孙东林为了完成哥哥的遗愿，在大年三十前一天，来不及安慰年迈的父母，将工钱送到了农民工的手中。因为哥哥离世后，账单多已不在，孙东林让民工们凭着良心领工钱，大家说多少钱，就给多少钱。钱不够，孙东林就贴上了自己的6.6万元和母亲的1万元。就这样，在春节来临之前，60多名民工都如愿领到工钱，孙东林如释重负。"新年不欠旧年账，今生不欠来生债"。孙水林、孙东林兄弟20年坚守承诺，被人们赞为"信义兄弟"，并荣获"2010年度感动中国十大人物"。2010年9月，孙水林、孙东林兄弟入选"中国好人榜"。

（三）团结友善

团结友善是公民与公民之间应当如何相处的基本规范。每一个公民，不论民族、年龄、职业，都是中华人民共和国这个大家庭中的一员。公民之间应该彼此团结，相互友爱，建立起一种和睦亲爱的关系。现实中，对他人友善的人也必然会得到他人的友善。团结是力量的源泉。能否团结、友善，关系到一个人的前途和幸福，也关系到民族的兴旺、国家的兴衰。要做到团结友善，就必须怀着友好的愿望，抱着彼此平等的心理相互对待，就必须对己严、对人宽，就必须将心比心，"己所不欲，勿施于人"。当然，团结友善必须是在正义原则之下的团结友善。

名人语录

善良的心就是太阳。

——雨果

（四）勤俭自强

勤俭自强是公民对待生活、对待自身的道德规范。作为一个公民，有劳动的权利和劳动的义务，应当懂得没有勤奋就不会有社会财富的道理，推崇勤劳，反对懒惰和游手好闲。公民还应该厉行节约，反对奢侈浪费和享乐主义的生活方式。在现实生活中，公民应当自强不息，不断进取，保持一种健康向上的精神风貌，凡事尽量依靠自己而不依赖他人。

> 名人语录
>
> 历览前贤国与家，成由勤俭破由奢。
>
> ——李商隐

（五）敬业奉献

敬业奉献是公民对待职业活动的道德规范。每一个公民都要从事一定的职业，职业是公民与社会联系的重要方式和途径。对待职业或事业要严肃认真，一丝不苟，精益求精，为国家、为社会、为他人做出有益的贡献。

如马班邮路的坚守者王顺友的故事，体现了强烈的责任心、敬业精神。

一个人、一匹马、一条路，在绵延数百千米的木里县雪域高原上，一个人牵着一匹马驮着邮包默默行走的场景成为当地老百姓心中最生动的印象。20多年来，每个月都有28天一个人孤独而坚毅地行走在大山深处、河谷江畔、雪山之巅；他一个人跋山涉水、风餐露宿，只为了按班准时地将一封封信件、一本本杂志、一张张报纸准确无误地送到每个用户手中……他一个人直面挑战，从不懈怠，只是为了将党和政府的温暖、时代发展的声音和外面世界的变迁不断地传送到雪域高原的村村寨寨……他，就是木里藏族自治县邮政局的一个普普通通的乡邮员；一个20年来每年都有330天以上独自行走在马班邮路上的苗族邮递员；一个在雪域高原跋涉了53万里，相当于走了21趟二万五千里长征的共产党员——王顺友。

王顺友担负的马班邮路，山高路险，气候恶劣，一天要经过几个气候带。他经常露宿荒山岩洞、乱石丛林，经历了被野兽袭击、意外受伤乃至肠子被骡马踢破等艰难困苦。他常年奔波在漫漫邮路上，一年中有330天左右的时间在大山中度过，无法照顾多病的妻子和年幼的儿女。他视邮件为生命，从未丢失过一个邮件。为保护邮件，他曾勇斗歹徒，不顾个人安危跳入冰冷河水中抢捞邮件。他吃苦不言苦，饿了就吃几口糌粑面，渴了就喝几口山泉水，自编自唱山歌，独自走在艰苦寂寞的崎岖邮路上。为了能把信件及时送到群众手中，他宁愿在风雨中多走山路，改道绕行方便沿途群众，从未延误过一个班期，准确率达到100%。他还热心为农民群众传递科技信息、致富信息，购买优良种子。为了给群众捎去生产生活用品，王顺友甘愿绕路、贴钱、吃苦，为大山深处各族群众架起了一座"绿色桥梁",受到群众的交口称赞。

二、各领域道德规范

（一）社会公德

"每个人都不是一座孤岛,都是广袤大陆的一部分。"社会公德作为社会交往和公共生活的基本准则,是新时代公民道德建设的重要内容。培养大学生社会公德,关键在于引导大学生超越个人狭隘眼界和功利目的,从公益众利层面实现小与大、私与公、家与国的融洽协调。社会公德主要包括以下几方面内容：

（1）文明礼貌。文明礼貌的本质是尊重人的价值,尊重人的尊严,尊重人的人格。每个人的基本权利都应该得到尊重,每个人都有权捍卫自己的人格尊严。谦虚恭敬的态度和言行,是尊重他人美德的外在表现形式。人的内心里都渴望得到他人的尊重,但只有尊重他人才能赢得他人的尊重。文明礼貌是处理人与人之间关系的一种行为规范,表现出个人的文化内涵和良好修养,是社会活动良性运转必不可少的交往方式。

（2）助人为乐。助人为乐,对于行善者,是一种人生境界；对于需要帮助的人,则意味着提高了渡过险境的可能,增加了克服困难的勇气。作为新时代的大学生,要弘扬奉献、友爱、互助、进步的助人为乐精神,围绕重大活动、扶贫救灾、敬老救孤、恤病助残、法律援助、文化支教、环境保护、健康指导等,广泛开展学雷锋和志愿服务活动,引导人们把助人为乐作为生活方式、生活习惯,使"我为人人、人人为我"蔚然成风。

（3）爱护公物。公共服务设施的一个基本特征就是共享性和便捷化。公共财物,是所有纳税人一起出的钱,每个公民都有权利去分享。公共服务设施最大的效益或者效应就是让更多人得到使用、分享和共享。作为新时代的大学生,不断提高素质修养和爱护公物意识,发现身边的人肆意破坏公物不能视而不见或扬长而去,要"爱管闲事""多管闲事""敢管闲事",在面对破坏公物行为时应当及时提醒,劝阻并教育他们,并向有关部门举报和媒体曝光,坚决抵制破坏公物的陋习,改变公共设施人为损毁"见怪不怪、视而不见"的尴尬局面,推动形成以"爱护公物为荣,破坏公物为耻"的良好风尚。

（4）保护环境。绿水青山就是金山银山。保护生态环境就是保护生产力，改善生态环境就是发展生产力。党中央、国务院明确提出要建设生态文明社会、实现可持续发展。大学生作为未来社会建设的主力军，要培养环境保护公德和环境伦理观念，树立"像保护眼睛一样保护自然和生态环境""地球是人类的母亲"等环境保护公德，透彻理解、牢固掌握"人类是大自然的成员而非统治者""人类应尊重和维护大自然的和谐稳定"等环境伦理基本准则。

（5）遵纪守法。法纪是做人的底线，是不可逾越的红线，也是触碰不得的高压线。古人说："凡善怕者，必身有所正、言有所规、行有所止。"一个人只有敬畏法纪，才能慎初、慎微、慎行。反之，如果目无法纪，必然迷心智、乱言行、丢操守。我们要守住作为大学生应有的良知，不要让违法犯罪毁了美好的前程。要养成遵纪守法的良好习惯，时刻注重培养自己遵守纪律的自觉性和自制性。要从日常生活中的小事做起，勿以恶小而为之，勿以善小而不为。时刻注意学习法律知识，增强法制观念，提升法律素养。

社会公共生活领域遵守公共秩序很有必要，如伟大的无产阶级革命家列宁虽然工作繁忙，但十分注意遵守公共秩序。

有一次，列宁忙碌了一个上午，处理了很多日常事务，批阅了很多文件。休息的时候，他用手摸了一下头发，发觉头发实在太长了，决定抽时间去克里姆林宫理发室理发。当时，这个理发室只有两个理发师，忙不过来，很多人都坐着排队，等候理发。列宁问哪位同志是最后一位，准备排队等候。排队理发的同志们都知道列宁日理万机，时间极其宝贵，于是争着请列宁先理发。可是列宁却微笑着对大家说："谢谢同志们的好意。不过这样做是不对的，每个人都应该遵守公共秩序，按照先后次序理发。"他说完后，就排到最后一位同志的后面，耐心等候理发了。

"没有规矩，不成方圆"，制定规则很重要，自觉维护和遵守各项规则也很重要。如在海尔公司，有一张已经变黄了的稿纸，上面写着13个条款。

据说，这是张瑞敏到海尔后颁布的第一个管理制度文件。1984年，在张瑞敏刚到海尔（那时还叫电子设备厂）的时候，看到的是一个濒临倒闭的小厂：员工领不到工资，在厂区打架骂人、随便偷盗公司财产、在车间随地大小便等现象比比皆是，公司一年换了四任厂长。

张瑞敏首先以个人的人格担保，从朋友那里借了几万元钱，为每一个员工发了两个月的工资，此举令所有员工深感意外。接着，他召开了员工代表大会："借钱总要还，只能靠自己挣！怎么挣钱，生产销售什么，这是我的责任。但是，一旦决策，能否生产出合格的产品并销售出去，就要靠全体员工。"但他表示担心："按照目前的情况，打架骂人，这种状况能经得起客户的考察吗？我们能否文明一点，至少在厂区不再打人骂人？"有的职工代表表态说，"一定相互监督，不再打人骂人"。于是出台了第一条制度："不准打人骂人，否则罚款×××元。"

张瑞敏接着说："我们能不能不要随便把厂里的东西拿回家去？"工人们同意，于是形成了第二条："不准哄抢公司财物，否则，罚款×××元。"张瑞敏再接再厉："我们能不能不要在车间大小便？"这时职工代表很激动："这一条做不到，我们还是人吗！"于是定出了第三条："不准在车间大小便，否则罚款×××元。"……

于是一口气制定了13条管理条例，每一条都紧挨员工的道德底线，让员工感觉"不该"违背。因此，制度本身有极强的可执行性。此外，张瑞敏没有让制度停留在这13条上，而是抓住每一个违反制度的典型行为，发动大家讨论，上升到理念层次，再以这种理念为依据，制定更加严格的制度。

这样，每执行一次制度，就沉淀一个理念，以理念为依据，再制定更多的制度。结果是，制度越来越健全，文化越积越厚重，思想越来越统一。最终形成了"制度与文化有机结合"的海尔模式。海尔员工的职业素质就在文化的渗透中得到了大幅的提升，海尔的管理也实现了从无序到有序、从人治到法治、从随意到规范的质的飞跃。

（二）职业道德

大学生从象牙塔出师步入社会，步入职场，要快速融入职场、得到领导的赏识才能更快速地实现自己的价值，良好的职业道德有助于一个人在职场脱颖而出。概括而言，职业道德主要应包括以下几方面的内容：

（1）爱岗敬业。爱岗敬业是职业道德的灵魂，它为个人安身立命奠定基础，为社会发展进步注入活力。爱岗就是工作人员应该热爱自己的本职工作，安心于本职岗位，稳定、持久地在岗位上耕耘，恪尽职守地做好本职工作。敬业就是人员应该充分认识本职工作在社会经济活动中的地位和作用，认识本职工作的社会意义和道德价值,具有职业的荣誉感和自豪感,在职业活动中具有高度的劳动热情和创造性,以强烈的事业心、责任感,从事工作。敬业乐业的民族,必定是令人肃然起敬的民族;缺乏敬业精神的社会,难免被人诟病和轻蔑。

(2)诚实守信。人无信不立,业无信不兴,国无信不强。诚实守信是中华优秀传统文化的重要内容,是职业道德的重要方面。启蒙之初,父母便教育孩子要做一个诚实的好少年。踏入校门之后,在课本上可以学到"一诺千金""君子一言、驷马难追"等成语,诚信教育几乎从未离开过我们。从道德模范、最美人物,到中国好人,一批批诚实守信模范不断涌现,拾金不昧、一诺千金、毕生坚守等行为和品格被人们点赞,被广泛追随。

(3)办事公道。办事公道是组织能够正常运行的基本保证,是抵制行业不正之风的重要内容,是职业劳动者应该具备的品质。办事公道简单来说就是以公正、真理、正直为原则办事,对当事双方公平合理、不偏不倚,不论对谁都是按照一个标准办事。办事公道的具体要求有坚持真理、追求正义、公私分明、不徇私情、公平公正、反腐倡廉、光明磊落。作为当代大学,要坚持实事求是,尊重客观事物及其规律,不唯书、不唯上。

(4)热情服务。热情服务是为人民服务的道德要求在职业道德中的具体体现,是大学生投身职业生涯中必须遵守的道德规范。作为新时代的大学生,要做到热情服务,需从以下几个方面着手:一是保持微笑,二是精通专业,三是精心准备,四是高度重视,五是感情细腻,六是敢于创造,七是真诚待人。当服务对象离开时,大学生应发自内心地通过适当的语言真诚邀请服务对象再次光临,以给他留下深刻的印象。

(5)奉献社会。奉献社会是社会主义职业道德的最高要求,是为人民服务和集体主义精神的最好体现。每个公民无论在什么行业,什么岗位,从事什么工作,只要他爱岗敬业,努力工作,就是在为社会做出贡献。如果在工作过程中不求名、不求利,只奉献、不索取,则体现出宝贵的无私奉献精神,这是社会主义职业道德的最高境界。

(三)家庭美德

中共中央、国务院印发的《新时代公民道德建设实施纲要》指出,要"推动践行以尊老爱幼、男女平等、夫妻和睦、勤俭持家、邻里互助为主要内容的家庭美德，鼓励人们在家庭里做一个好成员"。这为新时代大学生加强家庭美德建设提供了遵循，指明了方向。

（1）尊老爱幼。尊老爱幼就是继承中国传统家庭美德中"老吾老以及人之老，幼吾幼以及人之幼"的优良传统，子女对父母有尊敬之心，父母给予子女亲情和关爱，互相尊重人格权利和个人隐私。父母和子女在共同承担家庭责任与义务中，尽力为家庭多做贡献，共同建设幸福之家。

（2）男女平等。男女平等是指男女在家庭中具有平等的权利与义务、平等的地位与价值、平等的人格与尊严。在这方面要特别注意对传统社会"男尊女卑""男主女从"道德规范的辩证扬弃，因为今天我国的宪法及各种法律都已贯彻了男女平等原则，只有让妇女彻底解放出来，才能实现男女之间权利与义务、地位与价值、人格与尊严的真实平等，从而充分体现社会主义婚姻家庭制度的本质特征，使男女平等真正成为家庭美德的应有之义。

（3）夫妻和睦。夫妻关系是家庭关系的核心，夫妻和睦是家庭幸福的重要前提和保证。夫妻和睦是在男女平等基础上的互敬互爱、互助互让。要学会尊重对方，忠于爱情，相互履行义务，共同建立起和谐幸福美满的家庭。

（4）勤俭持家。勤俭持家是保证家庭物质基础稳固的前提条件，任何家庭生活的幸福美满都必须具备良好的物质基础，这就要求每一个家庭成员必须通过勤勉刻苦、节约简朴、奋发努力来丰富家庭的物质财富。中国古人历来强调通过勤勉劳作来磨炼人的心性，使其不断转归朴实无华，避免骄奢淫逸。孔子的"温、良、恭、俭、让"和老子的"慈、俭"，都将"俭"视作家庭生活的重要美德，它们是建构当代中国家庭美德的重要思想资源。

（5）邻里互助。邻里互助是家庭内生德性的外在延伸，因为聚群而居是人类生活的本质属性，任何家庭必然处于邻里关系之中，邻里之间团结互助、彼此关照、和睦相处，能为家庭提供快乐融洽的外部环境。如果邻里之间各种纠纷不断，彼此关系紧张，每个家庭都不会获得安宁。这就要求相邻家庭之间只有严于律己，宽以待人，以诚相见，互帮互助，才能最终建立起良好的邻里关系。

（四）个人品德

良好的个人品德包括以下方面：

（1）爱国奉献。爱国主义是中华民族五千多年来生生不息、绵延不绝的精神命脉，以爱国主义精神凝聚包括大学生在内的广大青年为实现中华民族伟大复兴不懈奋斗是中国共产党百年奋斗的重要经验。习近平总书记说："爱国，是人世间最深层、最持久的情感，是一个人立德之源、立功之本。"从"长太息以掩涕兮，哀民生之多艰"到"先天下之忧而忧，后天下之乐而乐"，从"国破尚如此，我何惜此头"到"宁做流浪汉，不做亡国奴"，从"祖国如有难，汝当作前锋"到"我是中国人民的儿子，我深情地爱着我的祖国和人民"，千百年来，爱国主义始终是中华民族精神的核心。实现中华民族伟大复兴是近代以来中华民族最伟大的梦想，也是中国共产党百年奋斗的主题。实现中华民族伟大复兴绝不是一蹴而就的，需要一代代中国人民为之矢志不渝，接续奋斗。青年是民族的未来、国家的希望，更是实现中华民族伟大复兴的先锋力量。今天，实现中华民族伟大复兴的接力棒已经交到新时代青年手中，实现中华民族伟大复兴的重任已经历史性地落到当代中国青年肩上。

（2）明礼遵规。我国自古就有"礼仪之邦"的美称，我国古代法律的根本思想就是"礼法结合"。春秋战国时期，随着新的阶级产生和封建制度的逐步形成，我国历史上著名的"百家争鸣"形成了。到汉武帝接受董仲舒提出的"罢黜百家、独尊儒术"以后，开始形成了中国古代"礼法结合"的思想。中华民族的礼治精神即使在现代社会，仍然深深地影响着人民的日常行为规范。"礼"的观念可以作为现代法律的道德补充，其中的精华部分也仍然是社会主义核心价值观的重要内容。作为新时代的大学生，要尊重自己的历史文化，把握文化根脉，取其精华、去其糟粕，坚守和弘扬优秀传统，自觉做到明礼遵规，心存敬畏、慎独慎微，讲规则、守戒律，让崇德重礼和遵纪守法相辅而行，实现他律和自律的结合、道德教化和法制手段兼施，让道德和法制内化于心、外化于行。

（3）勤劳善良。古人云："天行健，君子以自强不息。地势坤，君子以厚德载物。"君子，不仅要自强，还要厚德。通俗地说，自强，就是勤奋自立；厚德，就是善良品正。一个人想要什么，必须靠勤奋去争取。天道酬勤，春华秋实。当你勤奋的时候，越努力越幸运，你想要的才会扑面而来。有句话说："善良比聪明更难，聪明是一种天赋，而善良是一种选择。"在生活中，最好的为人处世就是心怀善意。心怀善意的人，内心柔软，在人有难处时愿意伸出援手。所谓"爱出者爱返，福往者福来"。用爱对待别人，别人也会回之以爱；

把福报送给别人，自己也会收获福报。富兰克林曾说："我未曾见过一个早起、勤奋、谨慎、诚实的人抱怨命运不好。良好的品格，优良的习惯，坚强的意志，是不会被假设所谓的命运打败的。"勤劳善良乃金名片。勤快的人，是积极向上的人，也是受欢迎的人。现在，有的青年抱怨机会太少，殊不知，机会就在自己手中。只要付诸行动，好运就在实干中蕴藏。

（4）宽厚正直。老子云"大智若愚，大巧若拙"，处处显露的聪敏未必能说明一个人的人品。而厚道正直，看似朴拙，却是最高级的聪明，是一个人最重要的底牌。一个人的福气，不是天注定，而是要靠自己一点一滴养成。为人厚道，虽然不是一条快车道，但却是一条方向最正的大道；回报虽没有那么快，但绝对不会缺席。今天，你给别人修过河的桥，待有一天，别人会来帮你铺更宽的路。

（5）自强自律。保持清醒和自觉，时刻严格约束自己，是一种高尚素养与修为。"吾日三省吾身""君子求诸己，小人求诸人""律己则寡过，绳人则寡合"……古往今来，严于律己、以高标准要求自我，成为无数仁人志士的追求。对于大学生来说，"修己以安人"尤为重要。正所谓："不能正其身，如正人何？"严于律己，"严"的是政治品质、纪律规矩，"律"的是思想操守、道德修养。

自强自律，就要知行合一、表里如一，让严与实成为人生厚重的底色。牢记人民的利益高于一切，崇尚严于律己的品德，像珍惜生命一样珍惜自己的节操，不弃微末、久久为功，做一个一尘不染的人，我们就能在新征程上激昂精神、迸发力量、勇毅前行。

【案例】

百元钞票的考验

知名的沃尔玛商场要招考一名收银员，几经筛选，最后只剩3位女孩有幸参加复试。复试由老板亲自主持，第一位女孩刚走进老板办公室，老板便丢了一张百元钞票给她，并命令她到楼下买包香烟。这位女孩心想，自己还未被正式录用，老板就颐指气使地命令她做事，因而感到相当不满，更认为老板故意伤害她的自尊心。因此，老板丢出来的钱，她连看都不看，便怒气冲冲地掉头离开。她一边走，一边还气呼呼地咒骂："哼，他凭什么支使我，这份工作不要也罢！"

　　第二位女孩一进来，也遇到相同的情况，只见她笑眯眯地接了钱，但是她也没有用它去买烟，因为钞票是假的。由于她失业许久，急需一份工作，只好无奈地掏出自己的一百元真钞，为老板买了一包烟，还把找回来的钱全交给了老板。不过，如此尽职卖力的第二位面试者，却没有被老板录用。因为，老板录用了第三位面试的女孩。原来，第三位女孩一接到钱时，就发现钱是假的，她微笑着把假钞还给老板，并请老板重新换一张。老板开心地接过假钞，并立即与她签订了合约，放心地将收银工作交给了她。

任务三 引领社会道德风尚

1. 自觉做社会主义道德的示范者和引领者。
2. 了解引领社会道德风尚的实践路径。
3. 增强践行社会主义核心价值观的能力。

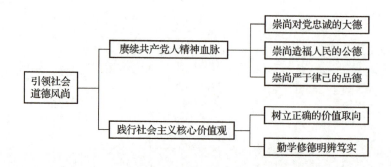

主题讨论

核心价值观到底有啥用？

观点一：核心价值观是"虚"的东西，虚无缥缈，令人无从下手，还是实实在在地从经济基础领域进行改变、为核心价值观奠定基础来得更实在些。

观点二：一些女孩子讲：宁愿坐在宝马车里哭，也不愿意坐在自行车上笑。为什么会这样？因为这些人的审美系统缺乏一个强有力的思想文化的价值观念的支撑。价值系统在人类的认知系统中起着一个支撑作用，没有这样一个价值系统，你对于知识系统的追逐是没有方向感的；没有价值系统的支撑，审美就变成了一种对自己完全个人化的感官满足和体验，没有任何文化含量。

你的观点：_____

_____

请在课前查阅相关资料或者根据自己的理解，用简要的语言对资料内容进行概括，并形成自己的观点准备课堂发言。

每一个时代都需要一种崇德向善、凝聚人心的精神力量。良好的社会道德风尚是在具体的道德实践中形成和发展起来的。青年大学生作为社会主义建设者和接班人，是引风气之先的社会力量。青年大学生积极投身社会主义道德实践，要坚持赓续共产党人精神血脉，践行社会主义核心价值观，弘扬社会文明道德风尚。

一、赓续共产党人精神血脉

百年党史中蕴含着党和国家、民族不断进步发展的道德伟力。学史崇德之于社会发展是厚植道德沃土、引领良好道德风尚的关键之举。"学史崇德"就是要崇尚对党忠诚的大德、为民造福的公德、严于律己的品德。青年大学生要勇做学史崇德的表率，赓续好中国共产党人的精神血脉，不断提升自我精神境界和道德修养。

（一）崇尚对党忠诚的大德

我们党自成立之日起就特别强调忠诚，并将对党忠诚、永不叛党作为党员义务写入党章、写入入党誓词，使之成为党的坚定立场和铁的纪律。党一路走来，经历了无数艰险和磨难，但任何困难都没有压垮党，任何敌人都没能打倒党，靠的就是千千万万党员的忠诚。翻开厚重的党史，字里行间写满了"忠诚印寸心,浩然充两间"的坚毅执着、"党有指示,虽死不辞"的绝对服从、"死到阴间不反水,保护共产党万万年"的至死不渝……对党忠诚,早已融入我们党的精神血脉,代代相传、永不变色。对党忠诚,必须一心一意、一以贯之,必须表里如一、知行合一,永远不忘入党时所立下的对党忠诚、永不叛党的誓言,做到始终忠于党、忠于党的事业,做到铁心跟党走、九死而不悔。对党忠诚,不是抽象的而是具体的,不是有条件的而是无条件的,必须体现到对党的信仰的忠诚上、对党组织的忠诚上、对党的理论和路线方针政策的忠诚上。

作为大学生特别是大学生党员,要补足精神之钙,树立共产主义远大理想和中国特色社会主义共同理想,坚决拥护"两个确立",始终做到"两个维护",切实增强忠诚核心、维护核心、看齐核心、跟随核心的思想自觉、政治自觉、行动自觉。

名词解释

> **两个确立**
>
> 党确立习近平同志党中央的核心、全党的核心地位,确立习近平新时代中国特色社会主义思想的指导地位,反映了全党全军全国各族人民共同心愿,对新时代党和国家事业发展、对推进中华民族伟大复兴历史进程具有决定性意义。

(资料来源:人民日报客户端)

(二)崇尚造福人民的公德

习近平总书记指出:"守公德,就是要强化宗旨意识,全心全意为人民服务,恪守立党为公、执政为民理念,自觉践行人民对美好生活的向往就是我们的奋斗目标的承诺,做到心底无私天地宽。"我们党来自人民,党的根基在人民、血脉在人民、力量在人民。为人民而生,因人民而兴,始终同人民在一起,为人民利益而奋斗,是我们党立党兴党强党的根本出发点和落脚点。历史充分证明，江山就是人民，人民就是江山，打江山、守江山，守的是人民的心。始终把人民放在心中最高位置，把群众利益放在第一位，与群众有福同享、有难同当，有盐同咸、无盐同淡，就能赢得人民信任，得到人民支持，党就能够克服任何困难，就能够无往而不胜。

作为大学生特别是大学生党员，要不断体悟初心使命，深刻认识党的性质宗旨，站稳人民立场，贯彻好以人民为中心的发展思想，始终同人民风雨同舟、生死与共，勇于担当、积极作为，推动改革发展成果更多更公平惠及全体人民，推动共同富裕取得更为明显的实质性进展，把广大人民凝聚成实现中华民族伟大复兴的磅礴力量。

【案例】

人民至上 生命至上

2020年5月22日，十三届全国人大三次会议在北京召开。湖北省十堰市太和医院党委书记、院长罗杰在代表通道上发言时，提到了一位87岁、确诊为新冠肺炎的老年患者。2月5日老人住院后，太和医院给他配置了一个治疗专班，全力救治。在长达47天的住院治疗期间，老先生病情多次反复。但医护人员绝不放弃，一次又一次把他从鬼门关拉了回来。

截至5月，湖北已有3 600多名80岁以上的新冠肺炎患者被治愈，其中包括7名百岁以上老人。

在抗击新冠肺炎疫情的战争中，湖北的50多万名医务工作者和全国驰援的4.26万名医务人员一道，夜以继日奋战在抗疫一线。从呱呱坠地的婴儿到满头银发的百岁老人，国家始终真诚关怀每一位生者，全力拯救每一位病患。只要有一线希望，就付出百分百努力。

生命至上、人民至上，这是中国抗疫斗争最醒目的价值导向，也是一个执政党对人民的深情与担当。

（资料来源：新华网）

(三)崇尚严于律己的品德

共产党人是用特殊材料制成的。这个"特殊材料",就是指共产党人有着高于常人的崇高精神和品德。习近平总书记一再强调广大党员、干部要经常自重自省自警自励,做到"三严三实",树立高尚品德。共产党人拥有这样的人格力量,才能无愧于自己的称号,才能赢得人民的赞誉。

> **名人语录**
>
> 做一个高尚的人,一个纯粹的人,一个有道德的人,一个脱离了低级趣味的人,一个有益于人民的人。
>
> ——毛泽东《纪念白求恩》

作为青年大学生要恪守基本底线,严格约束自己的行为和操守。"品德"的核心是自醒自律,修品德必须坚持做人基本底线,严于律己、明辨是非、区分善恶、清正廉洁,始终做到慎独慎微。坚持底线思维,培养底线意识,提高对严以修身的认识,锤炼自我约束的意志与能力,涵养出清正廉洁的道德品质,守得住公德、彰显出大德。

【案例】

周恩来的修养要则

周恩来是"永远不与群众脱离,向群众学习,并帮助他们"的一名无产阶级革命家,具有一名共产党人的优良品质,而他的一生,都在践行这一准则。

1943年3月18日(农历二月十三),按照农历的算法正好是周恩来45周岁生日。这天晚上,周恩来独自一人在办公室,沉浸于45岁生日所触发的反思中。他坐在桌前回顾总结参加革命后的经历,认为作为一名共产党人,不论是在思想上、作风上,还是在政治生活中,应时时刻刻严于律己,发挥表率作用。凝思许久,他提笔写下了《我的修养要则》：

一、加紧学习，抓住中心，宁精勿杂，宁专勿多。

二、努力工作，要有计划，有重点，有条理。

三、习作合一，要注意时间、空间和条件，使之配合适当，要注意检讨和整理，要有发现和创造。

四、要与自己的他人的一切不正确的思想意识做原则上坚决的斗争。

五、适当地发扬自己的长处，具体地纠正自己的短处。

六、永远不与群众隔离，向群众学习，并帮助他们。过集体生活，注意调研，遵守纪律。

七、健全自己身体，保持合理的规律生活，这是自我修养的物质基础。

二、践行社会主义核心价值观

习近平总书记2014年5月4日在北京大学师生座谈会上指出："核心价值观，其实就是一种德，既是个人的德，也是一种大德，就是国家的德、社会的德。国无德不兴，人无德不立。如果一个民族、一个国家没有共同的核心价值观，莫衷一是，行无依归，那这个民族、这个国家就无法前进。"核心价值观的培育与践行，实际上就是社会道德的培育与践行。新时代，应坚持用社会主义核心价值引领道德风尚，不断提高全体社会成员的思想道德水平。新时代，以社会主义核心价值观引领形成社会文明道德风尚，需要广大青年大学生走在时代前列，自觉做践行社会主义核心价值观的先进代表。

（一）树立正确的价值取向

社会主义核心价值观主要包括富强、民主、文明、和谐、自由、平等、公正、法治、爱国、敬业、诚信、友善。其中，富强、民主、文明、和谐是我国国家层面的价值追求，自由、平等、公正、法治凝聚为社会共识，爱国、敬业、诚信、友善是公民个人层面的价值准则。社会主义核心价值观的内容，关涉大德、公德和个人道德。青年大学生处在价值观形成和确立的关键时期，最需要精心引导和栽培,抓好这一时期的价值观养成十分重要。正确的价值观能够引导大学生把人生价值追求融入国家和民族事业,始终站在人民大众立场,同人民一道拼搏、同祖国一道前进,服务人民、奉献社会,努力成为中国特色社会主义事业的合格建设者和可靠接班人。

作为新时代的大学生,要培育和践行社会主义核心价值观,以国家富强、人民幸福为己任,胸怀理想、志存高远,投身新时代中国特色社会主义伟大实践。加强思想道德修养,自觉弘扬爱国主义、集体主义、社会主义精神,自觉遵守社会公德、职业道德、家庭美德、个人品德。传承弘扬以伟大建党精神为源头的中国共产党人精神谱系,赓续红色血脉,立志把革命先烈流血牺牲打下的红色江山守护好、建设好。发扬"敢教日月换新天"的奋斗精神,顽强奋斗、艰苦奋斗、不懈奋斗,脚踏实地把每件平凡的事做好;敢于斗争、善于斗争,培养和保持顽强的斗争精神、坚韧的斗争意志、高超的斗争本领。时常用真善美来雕琢自己,不断培养高洁的操行和纯朴的情感,努力使自己成为高尚的人。

(二)勤学修德明辨笃实

社会主义核心价值观为青年一代的健康成长指明了正确的价值取向。广大青年大学生要坚定理想信念、练就过硬本领、勇于创新创造、矢志艰苦奋斗、锤炼高尚品格,要在弘扬和践行社会主义核心价值观中坚定地做到勤学、修德、明辨、笃实。

勤学。"业精于勤,荒于嬉;行成于思,毁于随"。时代在发展,知识在更新。青年大学生要有一种知识不足的危机感,以时不我待的紧迫感刻苦学习,努力钻研,不断增加自己的知识储备,拓宽视野,增长才干,修得真学问,练就真本事。

修德。以德为先,以善为念。"勿以恶小而为之,勿以善小而不为"。青年大学生要遵守基本道德标准,懂得谦让、包容、自省、自律,努力做到明大德、守公德、严私德。注重道德实践,主动引领社会风气、促进社会进步。

明辨。明辨是非曲直,区分善恶美丑。青年大学生要运用马克思主义的立场、观点和方法全面、客观、理性地看待社会现象,不能稀里糊涂、人云亦云。要敢于并善于决断,知荣辱,懂界限,做出最正确的选择。

> 名人语录
>
> 历史对一个国家、一个民族,就像记忆对于个人一样,一个人丧失了记忆就会成为白痴,一个民族如果忘记了历史,就会成为一个愚昧的民族。而一个愚昧的民族是不可能建设社会主义的。
>
> ——周恩来

笃实。做事兢兢业业、做人踏踏实实。社会主义核心价值观要真正发挥作用必须贯穿于具体的实践中。青年大学生可以根据自己的专业特点和特长走进社区、工厂和农村,为社会或他人做一些力所能及的事情。于实处用力,从知行合一上下功夫,不断增进自我对社会主义核心价值观的价值认同,争当践行和弘扬社会主义核心价值观的楷模。

【相关链接】

安全意识、规则意识

2008年4月28日4时41分,北京开往青岛的T195次旅客列车运行至山东境内胶济铁路周村至王村间脱线,第9节至第17节车厢在铁路弯道处脱轨,冲向上行线路基外侧。此时,正常运行的烟台至徐州的5034次旅客列车刹车不及,最终以每小时70千米的速度与脱轨车辆发生撞击,机车的第1节至第5节车厢脱轨。胶济铁路列车相撞事故造成72人死亡,416人受伤,已经认定是一起人为责任事故。

国务院"4·28"胶济铁路特大交通安全事故调查组认为,胶济铁路特大交通事故是一起典型的责任事故,济南铁路局在这次事故中暴露出两点突出问题:一是用文件代替限速调度指令,二是漏发临时限速指令,从而造成事发列车(北京开往青岛的T195次旅客列车)在限速80千米的路段上实际时速居然达到了131千米,每小时超速51千米。这充分暴露了一些铁路运营企业安全生产认识不到位、领导不到位、安全生产责任不到位、安全生产措施不到位、隐患排查治理不到位和监督管理不到位的严重问题；同时也反映了基层安全意识薄弱，现场管理存在严重漏洞，安全生产责任没有得到真正落实。

这起铁路事故的主要原因是调度命令传递混乱。济南铁路局2008年4月23日印发了《关于实行胶济线施工调整列车运行图的通知》，其中含对该路段限速每小时80千米的内容。这一重要文件距离实施时间28日零时仅有4天，却在局网上发布。对外局及相关单位以普通信件的方式邮递，而且把北京机务段作为了抄送单位。这一文件发布后，在没有确认有关单位是否收到的情况下，2008年4月26日济南局又发布了一个调度命令，取消了多处限速命令，其中包括事故发生段。

济南局列车调度员在接到有关列车司机反映现场临时限速与运行监控器数据不符时，2008年4月28日4时02分济南局补发了该段限速每小时80千米的调度命令，但该命令没有发给T195次机车乘务员，漏发了调度命令。而王村站值班员对最新临时限速命令未与T195次司机进行确认，也未认真执行车、机联控。与此同时，机车乘务员没有认真瞭望，失去了防止事故的最后时机。

很多事故的发生，看似偶然，但除去其中少数确系"天灾"的因素之外，实际大多可归为"人祸"。"这起列车相撞事故，不管最终认定原因如何复杂，但可以毫无疑问地说，这不是天灾，是人祸！"济南铁路局一位负责运输管理的工程师说，这需要认真加以反思。

"4·28"胶济铁路事故就像一面展板，反映出我们的部分干部员工的规则意识是多么的淡薄。层层责任人竟然都视规则制度而不见，这样的不作为，损害的不仅是自身的前途，更有几百人的生命财产遭受重大损失，教训何其惨痛！

模块一 涵养大学生之"德"

任务四

积极投身道德实践

学习目标

1. 培养正确的道德判断和道德责任，提高道德实践能力。
2. 在实践中锤炼道德品格，提升道德境界。

实践导读

习近平总书记指出："要锤炼品德，自觉树立和践行社会主义核心价值观，自觉用中华优秀传统文化、革命文化、社会主义先进文化培根铸魂、启智润心，加强道德修养，明辨是非曲直，增强自我定力，矢志追求更有高度、更有境界、更有品位的人生。"大道至简，实干为要；创业维艰，奋斗以成。幸福都是奋斗出来的，广大青年要在奋斗中摸爬滚打，通过不懈奋斗实现人生理想和价值。"樵夫"廖俊波以"背着石头上山也要干"的精神埋头苦干、只争朝夕，为百姓打拼到生命最后一刻；征战第三十二届夏季奥运会的中国运动健儿奋力拼搏、用尽全力，鲜艳的五星红旗在赛场上一次次升起……"青年最要紧的精神，是要与命运奋斗"。高扬奋斗风帆，焕发昂扬斗志，中华民族伟大复兴的中国梦，必将在一代代青年的接力奋斗中实现。

实践活动

1. **实践主题**

   志愿服务展风采　文明实践树新风

2. **活动目的**

   通过投身道德实践，践行"奉献、友爱、互助、进步"的志愿者服务宗旨，以及"牺牲小我、成就大我"的雷锋精神，推进形成"我为人人，人人为我"的和谐社会画面。同时，利用自己的时间、技能、资源和善心，开展一项力所能及的志愿服务，在实践中提升道德素养，让自己成为一名优秀的道德示范者。

3. **活动时间**

   1周

4. **活动主体**

   全班同学

5. **活动实施**

   （1）活动前。

   一是要拟定主题。志愿服务活动的核心是为人民服务、为社会奉献。主题拟定可以结合大学生自身专业特色以及未来就业岗位的职业道德要求，如：铁路专业的大学生可以开展以"平安春运 温暖回家"为主题的志愿服务活动。也可以根据社会现实需要拟定相关主题，如：疫情期间，可以组织开展"青春防疫 志愿有我"的主题志愿服务活动。还可以结合相关纪念日或传统节假日拟定活动主题，如："学雷锋志愿服务活动""情暖重阳 敬老爱老""五四青年节志愿服务活动"等。

   二是要确定分组。为了方便记录志愿服务活动的实践过程和实践成效，对参加人员进行合理分组，建议每组 3~10 人，并确定一名组长。

   三是要准备活动物料。如：疫情防控类型的志愿服务需要准备好相关防护工具、口罩、消毒液、体温枪等。

   （2）活动中。

   活动主持人统筹分配服务任务，各组组长负责具体实施到位。

   （3）活动后。

   参加人员填写活动记录表并撰写活动体会，活动主持人撰写活动总结，有新闻报道价值的应发布新闻报道进行宣传，相关资料和照片全部存档。

高等职业教育创新型教材

大学生职业素养（共5册）

册二 增进大学生之"智"

吴伟生 李 龙 杨东方 编著

北京理工大学出版社
BEIJING INSTITUTE OF TECHNOLOGY PRESS

版权专有　侵权必究

图书在版编目（CIP）数据

大学生职业素养：共 5 册 / 吴伟生，李龙，杨东方编著. -- 北京：北京理工大学出版社，2022.10（2024.3重印）

ISBN 978-7-5763-1767-1

Ⅰ.①大… Ⅱ.①吴… ②李… ③杨… Ⅲ.①大学生 – 职业选择 Ⅳ.① G647.38

中国版本图书馆 CIP 数据核字 (2022) 第 192321 号

出版发行 / 北京理工大学出版社有限责任公司

社　　址 /	北京市海淀区中关村南大街 5 号
邮　　编 /	100081
电　　话 /	（010）68914775（总编室）
	（010）82562903（教材售后服务热线）
	（010）68944723（其他图书服务热线）
网　　址 /	http: //www.bitpress.com.cn
经　　销 /	全国各地新华书店
印　　刷 /	北京虎彩文化传播有限公司
开　　本 /	710 毫米 × 1000 毫米　1/16
印　　张 /	16.75
字　　数 /	224 千字
版　　次 /	2022 年 10 月第 1 版　2024 年 3 月第 3 次印刷
定　　价 /	54.80 元（共 5 册）

责任编辑 / 李慧智
文案编辑 / 李慧智
责任校对 / 周瑞红
责任印制 / 李志强

图书出现印装质量问题，请拨打售后服务热线，本社负责调换

目 录

模块二　增进大学生之"智" ·· 1
　任务一　提升知识素养智能 ··· 6
　任务二　提升应用能力智慧 ··· 15
　任务三　提升科学思维智力 ··· 26
　任务四　"智定"大学学业规划 ······································· 43

模块二

增进大学生之"智"

任务一 提升知识素养智能

任务二 提升应用能力智慧

任务三 提升科学思维智力

任务四 "智定"大学学业规划

学习目标

1. 好学活学，提升知识素养智能。
2. 外化于行，提升应用能力智慧。
3. 精思妙想，提升科学思维智力。

思维导图

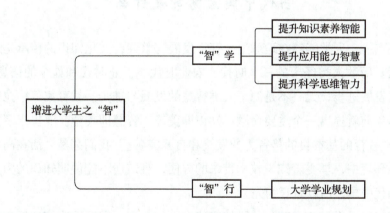

导读摘要

  智育是智力的培养，包括获得知识和形成科学世界观，发展认识能力和创造能力，培养脑力劳动技能，养成一个人在整个一生中对丰富自己的智慧和把知识运用于实践的需要。智育是人才培养的重要途径。习近平总书记指出："知识是每个人成才的基石……要通过学习知识，掌握事物发展规律,通晓天下道理,丰富学识,增长见识。"[①]他指出,大学生既要打牢基础知识又要及时更新知识,既要刻苦钻研理论又要积极掌握技能。他还特别强调读书,而且他自己就是爱读书和博览群书的模范。注重学习是中华民族的优良传统,自古以来的思想家、教育家都特别强调读书学习。诸葛亮在《诫子书》中讲:"才须学也,非学无以广才。"人在任何时候开始学习都是有益的,《颜氏家训》中说:"幼而学者,如日出之光;老而学者,如秉烛夜行,犹贤乎瞑目而无见者也。"这些论述对大学生理解学习的意义很有启发。

在经济全球化,科技高速发展的今天,当代中国急需的是什么?

观点一:人类能够在地球上生存、发展与繁荣,文化知识的传承是最重要的因素。历数人类经历的三个时代:农业时代、工业时代和如今的信息时代,每一次发展进步,无一不是源于人类智慧的发展与进步。教育家苏格拉底早在两千多年前就提出一个重要命题:知识即美德,智慧即美德。亚里士多德也曾说过:"教育的基本目的是智力的发展和自我完善。"我们都是生活在高度发达的物质环境中,享受着知识技术带来的方便,难道还不能说明知识的力量吗?而在当代中国,当以智育为先。

观点二:在经济全球化,科技高速发展的今天,我国更应该把振兴科技放在首位。邓小平就提出了"科教兴国"的理论。一个民族要振兴科技事业,首要条件是具有一流的杰出科学家队伍,方能跻身于世界先进之列。为此,许多国家都加强科技人才的培养和争夺,竭尽全力形成自己的人才优势。因此,智育是目前我国刻不容缓的任务。

[①] 2018年9月10日,全国教育大会在北京召开。中共中央总书记、国家主席、中央军委主席习近平出席会议并发表重要讲话。

你的观点：_____
_____
_____

请在课前查阅相关资料或者或根据自己的理解，用简要的语言对资料内容进行概括，并形成自己的观点准备课堂发言。

任务一 提升知识素养智能

1. 调整学习心态，培养学习兴趣。
2. 立足专业知识，聚焦学习内容。
3. 活用学习资源，掌握学习方法。

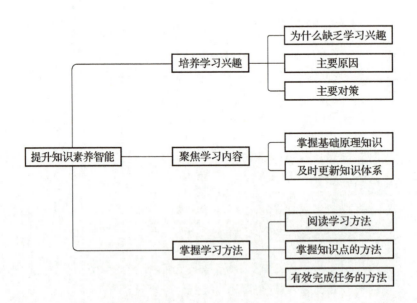

对于"学习",方法能否替代或部分替代汗水,汗水又能否浇灌方法?

观点一:学习方法好,在学习时就能起到事半功倍的效果,经过刻苦的学习,定能总结出好的学习方法。

观点二:靠过程的摸索和总结也能得出方法,但无疑速度会慢一些,而且还有概率的问题。方法也是可以直接去学习的。只有学习者体验了方法并获得了成功的体验,才能部分代替汗水。

你的观点:_____
_____
_____

请在课前查阅相关资料或者或根据自己的理解,用简要的语言对资料内容进行概括,并形成自己的观点准备课堂发言。

大学期间的主要任务就是学习文化等各类知识,不断提升自身综合素养。提高自己的专业知识,不断充实自己,才能让自己拥有核心竞争力。在大学学习期间,我们应该努力学习自己的专业知识,只有专业知识学好了,才能为今后就业打下坚实的基础。如果大学期间没好好学习专业知识,将来工作上就会变得很困难。2022年,我国高校毕业生人数首次突破千万大关,达到1 076万人,同比去年增长167万人,创下了历史新高。湖南省2022届高校毕业生48.3万人,增量、增幅均创历史新高。中国人民大学中国就业研究所与智联招聘联合发布的2022年一季度《高校毕业生就业市场景气报告》显示,2022年第一季度高校毕业生CIER(中国就业市场景气)指数为0.71,降至2020年以来的最低点,且明显低于全国1.56的水平。与此同时,智联招聘4月26日发布的《2022大学生就业力调研报告》显示,截至4月中旬,2022届求职应届毕业生中有46.7%求职成功;38.1%获得1~3个工作邀约;15.4%已签约。上述数据中,46.7%求职成功,低于去年的62.8%。15.4%找到合适工作已签约,低于去年的18.3%，可见2022年就业形势的严峻程度。加强学习，才能找到自己热爱擅长的事情，在激烈的社会竞争中占据一席之地。大学期间，我们可以尝试不同的事物，学习不同的科目知识，在尝试中找到自己热爱的事情，这是上大学很重要的一个意义。在不同的事物中，发现不一样的自己，我们每个人都可以在好几个领域发挥自己的才能。

1. **培养学习兴趣**

（1）为什么一些大学生缺乏学习兴趣？

首先，没有明确的学习目标和学习计划。既无长期目标，也无近期目标，对自己在大学期间以及每学年、每学期究竟要学什么，怎么学，达到什么要求很少考虑。其次，厌倦学习、逃避学习。把学习视为苦差事，千方百计逃课；上课不听讲，不做笔记；课后不复习，抄袭作业；有些学生甚至沉迷于网络，荒废了学业。再次，无成就感，无抱负和理想，无求知欲和上进心。既对学校制定的各种奖励措施没有兴趣，也对各种惩罚措施没有压力和紧迫感。另外，当代大学生还缺乏适宜的学习方法，听课困难。部分学生缺乏综合概括的思维能力，又不能适应大学里边听、边记、边思考的课堂学习，常常是感到进度太快抓不住重点。加上大学教师一般都是上课来下课走，与教师对话少，疑难问题得不到及时解答，十几个课时下来便无法听懂授课内容而产生苦恼，失去信心。学习信心和动力缺乏的学生由于对学习总体上是一种消极的态度，所以也不可能努力地摸索出一套适合自己的学习方法。

（2）造成这种状况的主要原因。

有些学生所学的学科并不一定都是自己的选择，学习缺乏热情。平时与专业教师、高年级的学生、研究生接触机会又较少，因而对自己所学的学科只是一知半解；还有些学生则认为自己所学的专业不是热门专业，与其他专业的同学相比会产生自卑感和挫折感，从而导致对所学的专业不感兴趣。大学生刚刚经过紧张的高考冲刺，来到大学校园这样一个全新的环境，那种万人争过独木桥后面对一片宽阔大草原的放松，那种进入大学后飘飘然的美好感觉，使不少学生开始产生船到码头车到站，喘口气、歇一歇的想法，想不起来要去设定新的人生坐标体系，对自己今后的发展茫然无知，人生目标不清晰，对专业缺乏了解不感兴趣，导致了学习动力不足。动力不足的学生，学习只不过是为应付考试或尽快完成学业，因此在学习上不重思考、不求甚解，只是按照考试需要而死记硬背；不会把所学的知识联系起来，加深对学科的认识；不会对自己所学的学科做详尽的资料搜集或深入研究，从而建立新的观点；不会制定长远的学习目标或具体的学习计划，极少主动调整自己的学习方法；成就动机低，对自我期望低，不能很好地进入大学的学习情境。

大部分学生是独生子女，在中学时代，学习和生活都是由家长、老师进行包办式的管理，造成了他们学习和生活上的依赖性，进入大学后，学习和生活的自理能力都很差。一般来说，中学的教学以教师为主导，学生有指定的教材，课时少，课程门类也不多。大学与中学的教学模式有很大的差别。大学的教学着重培养学生的自学能力，以及对学习的兴趣，要求学生具有独立思考的自觉性和研究学习的自觉性。大学里课程门类多、课时多，教师讲课又不拘泥于一本教材。这样一来，依旧沿着中学的思维模式和学习方法进行学习的学生便产生了学习适应困难。

（3）针对以上问题的主要对策。

调整心理状态。健康的心理状态是能正常学习的基础，学生的心理健康不仅指没有心理疾病，更要有积极向上发展的心理状态。心理健康的学生是敬业的、是乐群的、是能够不断提高自我修养的。学生要学会了解并接纳自己，能正视并满足自己的需要，生活有目标并能自控，能有效处理问题，培养共情与合作能力，有责任感，建立满意的人际关系，情绪愉快并基本稳定，对自己的环境具有高效而满意的适应。

培养学习兴趣。一旦引起了学生的兴趣，学生就会对学科产生强烈的求知欲望，明显地表现出对所学内容必须理解、必须掌握的心理倾向，因而就学得十分积极主动，也很有成效。"兴趣是最好的老师"这句话是很有道理的。

安排生活作息。多数大学生在学校住宿，而大学留给学生许多自由学习的时间，这些时间是让学生根据自己对生活世界的认识与理解，根据自己的好恶、特长、客观条件等，恰当地选择一些知识，从而使自己在原有的基础上得到充分发展。大学生们要充分利用好这些时间，不管学校是否排课，都要严格要求自己，遵守学校的作息制度，规律生活，而不要觉得无无所事事，甚至专门找一些无聊的事情来消磨时间。在学习之余多参加学校各种活动、加强体育锻炼，要做到劳逸结合，保证有健康的身体、旺盛的精力，为更好地学习和生活打下坚实的基础。

2. 聚焦学习内容

大学期间应该广泛学习政治理论知识、专业知识、科学文化等方方面面的知识，但也要聚焦学习培养内容，始终把专业知识摆在最重要的位置。专业知识是立身之本，也是大学学业的重要组成部分。专业将影响一个人认识世界的角度，以及和世界互动的方式，你以后从事哪个行业也与你所学的专业息息相关。

（1）掌握基础原理知识。专业知识的学习，是系统性思维的培养，无论你所学的专业方向是什么，一定要掌握好本专业领域的重要基础概念、主要研究方法和原理。专业内容也许会随着时代的变化而更新，但原理和方法将帮助你更快地适应新环境和新变化。在学习的同时，也可以探索自己感兴趣的方向，有意识地投入时间和精力，扩展相关知识和资料，与学长学姐或老师联系，了解行业最新的发展动向和趋势，提前做好准备。知识体系环环相扣，没有扎实的基础，知识体系就会漏洞百出，只懂表面，不懂原理，一道题稍稍变动就会做不出来；学习任何事物，想要学好必须学好基础，懂其原理，就像万丈高楼拔地而起，还要靠好的地基，任何事物基础都很重要，深奥的知识都是由多个最基础的知识、理论原理组合而成的；基础不好，理解更深奥的知识理论、往更高的层次进阶就会很困难。

（2）及时更新知识体系。不断更迭自己的知识体系应该很容易理解。就是当你大致构建好自己的知识体系之后，不能因此得意便开始放松。相反你应该怀着一种谦虚的态度继续学习新的知识，逐步补充，舍弃落后的，学习先进的，不断更迭自己的知识体系。打一个比方，比如说你在阅读技巧这方面已经构建了一个不错的知识体系，但是不能因为自己在这一方面有很大优势，于是开始骄傲自满，相反你应该学习更先进的阅读理念、阅读方法、阅读技巧，去完善自己的阅读方式。同时将一些不合理的、已经过时的舍去，让自己的知识体系一直呈现一种动态，而非静态。这叫作不断更迭自己的知识体系。

为什么要不断更迭自己的知识体系呢？

原因一：时代是在进步的，知识同样也在进步，你不进步，意味着在落后。落后就要挨打。曾经我们国家可谓称得上是"天朝上国"。"天朝上国"，本是一个非常正面的词，是对一个国家包容和强大的肯定。但是为什么我们近代会受那么多屈辱，就是源于清政府的骄傲自满、故步自封。结果整个时代都在进步，而我们却一直停滞不前。其他人进步而自己停滞不前，这就意味着退步，意味着落后，自然而然就要被打，而且被打得很惨。知识也一样。知识也是日新月异，它会随着时代的进步而进步，如果你感觉自己掌握的知识已经非常先进了，就不再学习了，迟早有一天你会被快速发展的时代所抛弃。所以说，知识体系一定要不断更迭，融入时代的前列。

原因二：只有不断更迭自己的知识体系，你才能在所属的领域保持前列。我们做知识管理、构建知识体系的目的是什么？其实很简单，就是想提高我们的能力。从根本上说，就是我们想让自己未来的日子更好一点，更轻松一点。而做知识管理，恰恰能够帮助我们做到这一点。当你构建好自己的知识体系后，意味着你在你所处的领域已经处于一种较高的水准。但是如果你的知识体系不再更新换代，而原本与你同一行列的人却在不断学习新的知识，那么你就会被别人远远落在后面。你不学，别人学，就意味着你在落后。所以说你只有不断更迭自己的知识体系，不断吸收先进的理念、知识、方法、技巧、观点，才能一直让自己在某一领域达到前列水准。

如何才能不断更迭自己知识体系呢？

方法一：写文章，倒逼自己输出，让自己主动去学习。坚持写文章就是一种很好的方式。为什么呢？因为写文章就是一种输出的过程。而你如果坚持每天都写文章的话，那么就意味着你需要把自己所有的知识全部都总结出来，才能更好地输出。在写作的过程当中，你就会逐步认清自己所掌握的知识到底处于何种水准，你会主动变得谦虚起来，你会主动去学习新的知识。因为如果你不再学习新的知识，你自己就会被掏空，再也写不出来东西了。

方法二：主动关注某领域先进的知识。这个时代是在进步的，知识也是在进步的。而对于先进的知识，我们应该更加重视，将之填充在我们的知识体系当中，从而不断更迭自己的知识体系。

3. 掌握学习方法

和中学相比，大学生的学习从目的、内容、方法、环境等各方面都有所不同。中学的基本学习方法是听课、读教科书、做题；进入大学后，学习不再是简单的听课，因为课后你还有大量的时间需要自己去安排。所以大学学习，要变被动为主动，充分地利用学校的各种资源进行学习，比如主动地去请教老师，和同学进行讨论，主动地阅读参考书目，主动地听学术讲座，然后，把所有的学习内容加以整合。

（1）阅读学习方法：速读和精读有效结合。

大学除了听课以外，你还要学会利用图书馆、网络等资源，进行延伸、拓展学习。无论是教材还是课外书籍，阅读都是一项最基本、也是最重要的学习方法。阅读方法可以分为速读和精读。

速读，具体了解一本书，找到关键信息。速读的关键目的：①透过阅读，快速建立该本书的知识地图；②激发出我们的问题和好奇心。在快速看完一本书后，我们的心中会渐渐产生"问题意识"（可以把问题写下来），然后通过这些问题挖掘出这本书中对自己有用的内容。好奇心会促使我们更好地完成阅读，以及对一些内容进行精读。快速或变速的阅读习惯和能力，一方面是靠平时不断的阅读"养"出来的，另外，也可以通过专门的快速阅读训练掌握。速读其实就是一种重点阅读，那如何确定或寻找重点呢？通常可从以下几个方面着手：①读到的"新东西、有帮助、让你印象深刻的以及与自己思维不同"的地方；②读到的跟自己的阅读目的相关的地方；③读到的不理解的地方；④读到的启发你联想的地方。这些都有可能是书本中对你重要的内容，速读到这些内容时，可以标记一下（不要一开始就死磕），为之后的精读确定方向。

精读，以输出为目的进行有效阅读。通过上一步的速读，我们基本可以明确是否有必要精读，以及精读哪些部分。精读要先以输出为目的来阅读，输出可以让阅读更有效。对于大学生而言，输出主要有两种方式，一种是写作，另一种是口语表达。写作能力和口语表达能力，对大学生活以及未来的工作生活都非常重要。大学生在读书过程中，通过整理知识点、写读书笔记来强化理解所读到的东西。在写的过程中将作者的观点重新用自己的话改写一次，并且主动寻找可以套用的生活案例来解释给别人听，如果别人看/听不懂你在说什么，说明你理解得还有欠缺，或者表达存在问题。阅读了多本书之后，也可以根据实际情况，将多本书、多位作者的观点进行糅合，促进知识升华。大学有天然的优势，可以加入或自己创建读书交流小组，这样学起来更有意思。

（2）掌握知识点的方法：把知识点变成知识晶体。

所谓知识晶体，说的是一堆知识点形成的稳定的架构。知识从零散的状态变成了晶体，会更容易被我们提取和使用（在学习上，重要的不是你学过多少，而是你能从所学的知识里提取和使用多少）。大学课本里有很多现成的知识晶体，比如4P营销理论①，我们可以直接系统地学习，但更多的则是需要我们自己去整合、创造。在整合和创造知识晶体的过程中，我们可以参考这4种常见结构：关联结构（比如马斯洛需求理论、SWOT分析等）；树状结构（比如SMART法则、思维导图等）；序列关系（比如工作流程图、步骤指南等）；数据结构（比如遗忘曲线等）。我们自己在阅读学习中，比如阅读完一本书，做读书笔记，就可以采用知识架构的形式来做：①以列表的形式把单个知识点整合而成：关于××的几个技巧。②以书籍或书籍中某个章节、重要知识点做思维导图。③为了方便自己理解和记忆，创造一些自己容易理解和记忆的架构（比如记忆方法中的顺口溜记忆）。

（3）有效完成任务的方法：采用"快速开始、缓慢结束"的策略。

大部分人都有拖延的毛病，加上大学时间自由且充裕，拖延的习惯就更加严重了。

很多学生为了能尽情享受生活，不到最后一刻绝不执行学习任务。比如老师通常提前一个月就布置了论文作业，但是很多学生直到最后两三天才突击查资料、凑字数、熬夜整出一篇勉强看得过去的论文。这种策略属于"缓慢开始，快速结束"，这种策略看上去效率很高，实则是速度快、质量差！

正确的方法应该反过来，也就是"快速开始、缓慢结束"：当你一接到任务就立刻开始着手做，首先草拟一个计划，每天按照计划完成一小部分。这种方法虽然看起来花费的时间比较长，但总时间却并不多，而且慢慢地你就会发现，自己会不由自主地渴望完成更多的任务。最终完成的质量也会高很多，因为在逐步完成的过程中，你会陆续发现一些问题、疏漏，并逐步完善它。

要想让自己的大学生涯更有价值和意义，应该给自己制订一个规划，设定一些大学期间的基本目标和任务，把自己接下来几年的学习时间做一个统筹安排，比如什么时间考英语等级证书，该掌握几项什么专业技能，在毕业前要拿到什么样的资格证书等。定下目标之后就"快速开始，缓慢结束"，逐步地去落实、完成。这样你才不至于毕业之后除了一纸毕业证书，啥也没有，啥也没学到！

---

① 4P营销理论被归结为四个基本策略的组合，即产品（Product）、价格（Price）、促销（Promotion）、渠道（Place），由于这四个词的英文字头都是P，再加上策略（Strategy），所以简称为"4P's"。

【相关链接】

沉浸于求索之中

　　学习知识和学习智慧是同一回事，这种想法是错误的。知识与智慧是不能画等号的，一个知识渊博的人不一定有高深的智慧，一个有智慧的人也不一定就知识渊博。比如我们古代的思想家孔子，他并不懂得现代的物理、化学、科学等知识，甚至知道的知识并不比现在的我们多，然而千百年来世人都十分钦佩孔子的智慧。由此可见，评价一个人智慧的高低不是看他学过多少知识，而是要看他有多少思想，思维能力如何。思维能力体现在我们的学习、生活中，就是要善于学习知识、运用知识和创造新知识，让我们学习的知识更好地为我们服务。

模块二 增进大学生之"智"

提升应用能力智慧

1. 知行合一，练就高效转化的应用能力。
2. 打破常规，练就破解瓶颈的应用能力。
3. 开拓进取，练就解决问题的应用能力。

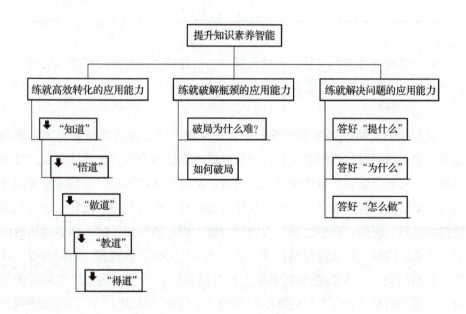

15

在科学技术日新月异的今天，尽管很多工作被机器人替代，工匠精神能否被代替？

观点一：工匠身上所具备的严谨、专注、敬业精神，被称为工匠精神。在机器化大生产的时代，更注重产品的精度和品质，这和工匠精神不谋而合。科技越是发达，工匠精神越发重要，不能替代。

观点二：工匠所从事的劳动，大多是重复性的，没有创造性可言。但是工匠在整个企业的生产流程中扮演关键角色，一切有关生产的设计、蓝图、标准，都依靠工匠和熟练的技术工人来实现。换句话说，没有技艺精湛工匠的企业，企业发展的目标无从实现。工匠从事的劳动固然是重复性的，然而好的工匠，在工作中能不断发现新问题，改进生产工艺流程，从而提升生产质量和效益，在央视播出的系列电视片《大国工匠》中有直观的表现。

你的观点：_____
_____
_____

请在课前查阅相关资料或者或根据自己的理解，用简要的语言对资料内容进行概括，并形成自己的观点准备课堂发言。

应用能力就是根据所学知识和原理，发现问题、分析问题和解决问题的能力。学习知识时，不但要让自己的头脑成为知识的仓库，还要让它成为知识的熔炉，把所学知识在熔炉中消化、吸收。结合所学的知识，参与学以致用的活动，提高自己运用知识的能力，使学习过程成为提高能力、增长见识、创造价值的过程。阅读"有字之书"可以学习前人积累的知识、前人学以致用的经验，并从中借鉴，避免走弯路；读"无字之书"可以了解现实，认识世界，并从"创造历史"的人那里学到书本上没有的知识。所以，凡是"有用"的东西，最重要的是"转化"，也就是中国的一个俗语"熟能生巧"，英语中叫作"Practice makes perfect"，指通过反复的训练，最后不自觉地将某种思想体系、语言之类的东西内化成自己能力的一部分，并且随时随地可以应用，这就是我们所说的"外在所学的知识转化成了自身的能力"。从书里获得了知识，不实践也不行，养成把书本知识实践的习惯，是提高应用能力的最重要一关。你可以先选一件事情，养成习惯，改变你的生活。以此为开始，比如养成看书写书评的习惯，比如写一本书，比如考一个你需要的行业证书，比如沟通中每天跟好朋友分享读书心得。亚里士多德说："人是被习惯所塑造的，优异的成绩来自良好的习惯，而非一时的行动。"

1. 练就高效转化的应用能力

"知识就是力量"①，这是英国思想家培根的名言。几百年来，这句名言在世界上产生了巨大的影响，成为人们读书治学的精神支柱。但是，与之相应的疑问却也始终相随着。知识真的就是力量吗？它是否需要一种合理的转换，才会变成力量？

在职场中，我们经常会遇到这样的情况：一个人在我们面前口若悬河地无所不谈，并且还持有个人的不少独特见解，这个时候，我们就会由衷地感叹，他太有知识了；还有一种情况是，当一个人告诉我们，他毕业于名牌大学，硕士或者是博士学历的时候，我们同样也会在内心发出感慨，这个人真厉害，学历很高！

这些现象在我们当今的社会中随处可见，我们在头脑里也已经固化了这么一种思维模式，总是觉得这样的人是有知识的，同时也会在思维中自然地进入另一个逻辑——有知识的人就是有才华的人，有才华的人等于有才能（技能）（技能是指解决专业问题的技术性能力，而才能就是指能有效运用相关知识解决问题的能力）的人，初看这样的逻辑似乎没什么问题，但事实上我们的思维已经出现了错误，有知识的人可以是有才华（知识的表达能力）的人，但未必就是有才能或者技能的人，因为有的人知识丰富却无法转化为能力，有的人知识不多，但运用知识的能力很强。

在职场中，老板需要的始终是真正的人才，而真正的人才就是既具备渊博的知识，同时又能有效将知识转化为技能的人！那么如何才能将知识转化为有效的能力呢？

---

① 出自英国著名哲学家、作家弗兰西斯·培根的《沉思录》。

第一步,"知道"。这是我们接触新事物的第一步,也是学习的开始。它是一个简单、感性的认知基础。如学外语单词,你首先得了解了它的基本词义是什么、读音如何等。但这远远不够,只是知道了冰山一角、九牛一毛,还需往下深入到下一阶段。此过程谓之"知然"。

第二步,"悟道"。正如世人经常肤浅地只看到那些成功者的外在成就,并羡慕他们所拥有的鲜花与掌声、名利与荣耀。我们以为他们只是财运亨通、长袖善舞或投机取巧、善假于物的结果,殊不知在他们光环的背后,还凝聚着昔日打拼基业时付出的超出常人所能负荷的心理压力、劳苦辛酸,甚至是泪水血痕!了解了这些资料,我们对那些成功者的评价的态度会大大改变,了解到他们成功创业的艰辛努力,增添一分对他们的敬仰、尊重、认同,减少些许冷漠、伤害、讽刺!这即是"悟道",是由感性上升到理性的"认知"过程,谓之"知所以然"。

第三步,"做道"。做是一个实践与体验的过程。如果说,前两步骤是大部分运用左脑理性思考的过程的话,那么这一步骤即是发挥右脑潜意识能量的绝佳时机。需要你能完全地"放下"理性的思考与判断,百分百地参与其中,充分地感受一切,感受你的身体、情绪、感觉、理性的互动体验式学习的每个刹那。你将收获前所未有的资讯及成长,掌握生命中更多的可能性。此过程是"行动"的过程,谓之"行然"。

第四步,"教道"。你将成为一名"专业教练",把前3个步骤习得的经验、感受及成果进行扩大传播。也许,你觉得你学得可以了,有些得意扬扬,一副志满意得的神情。请暂缓翘尾,不妨去教授其他的团队成员,让他们也和你一样共享共荣,也使得你的"丰硕成果"由一人独享倍增至数十人或是数百人的团队分享。这一过程既可以倍增效能、倍增效益,也可以倍增你的生命价值。在这一过程里,你会发现当一名"名将"和"名帅"需要截然不同的"用心"与"才华"。通过"教学相长"的过程来进一步提升自己,是一个"认知"与"行动"高度整合的过程,谓之"授然"。

第五步,"得道"。在经历上面4个步骤的锤炼之后,终于可进入"智慧的殿堂"。这是实实在在地到达圆融、自由的境地。我们将不会再被外界万千变化的人情世故所迷惑,生命的品质如流水一般的自由、优雅、生动、多变。这是最高品质的"学习"与"修为"。你将充分享受个人成功和团队成功的喜悦相逢，享受展现个人与团队终极使命及价值的舞台。这是回归"生命之泉"的过程。谓之"道然"。

以上个人学习与成长的"5步法则"，前两步是"知"，第三步是"行"；第四步是"合"，最后一步则是"一"。总起来即为"知行合一"，是一种个人生命的最高层次的智慧。

学习的目的是为了"致用"，表现在学习的结果上与学习的过程里。只有当"知识"转化成"能力"和"智慧"的时候，才能真正彰显"知识"的力量或价值。在职场中，一个员工只有真正做到"学以致用"，将自己的知识充分运用于实际工作中，为企业带来实际效益，才能真正地使自己完成从"人才"到"人财"的蜕变，成为企业里最抢手的精英。

2. 练就破解瓶颈的应用能力

现在，很多人无论是工作还是生活中，总是会面临一个死循环，比如：想赚钱—工作很忙—天天加班—没有状态—思想混乱—效率低下—变得更忙—没赚到钱；再或者是：想减肥—锻炼—瘦了—忍不住又吃了—又变胖—想减肥—又开始锻炼"；等等。无论是在工作还是生活中，这样的死循环一直以来都是存在的，而我们想要打破这种死循环，就需要一种"破局"的思维和能力。然而，经过我们大量的走访和调研后才发现，现在的企业中大量的管理者和员工普遍对于"破局"的理解很浅，甚至不了解什么是"破局"。这只能证明，在企业成长的这条路上，到达理想目标注定是遥遥无期。

哲学家叔本华说："世界上最大的监狱，是人的思维意识。"人一旦敢于破局，思维的牢笼就会被彻底打开。当感到走进死胡同时，要看看旁边还有没有出口。然而，现实情况是，有很多"固执己见"的人，无论做什么事，固守惯性思维，一路直撞南墙，往往吃力不讨好，甚至天真地认为"再坚持一下，就成功了"。但是实际上，这样的思维牢笼只是长期把人捆绑得越来越死，而我们只有随势而变，学会换一个角度去看待问题，面对困局方可游刃有余。总结为一句话，那就是：破局，才能看到更大的世界。高手并不是能力比我们强、智商比我们高、定力比我们好，只是因为他们思考比我们深、见识比我们广，他们看到了更大的系统。这个系统，就是局。所谓"不破不立"，懂得打破常规去思考的人，才能成为不同寻常的人。既然破局如此重要，那为什么身边超99%的人依然是深处这个局中"无法自拔"，根本无法跳出来呢？我们仔细来

分析一下原因。

（1）为什么破局这么难？

这个问题可以从做事和思维两大维度来分析。

首先，做事的效用很低，虽勤却未能补拙。我们鼓励自己或者鼓励别人的时候，总喜欢说"你要加油！你要努力！"，可大多数人的体会是：我已经很勤奋、很努力了，可为什么还是效能不佳、没有大的提升？你有没有想过，这很可能是因为你只是在低水平的层级做事！

我们可以将勤奋做事分为三重：

第一重：来回重复的勤奋。每天都很努力，除了感动到自己，学习/工作成绩等并没有得到多大提升。这是大多数人停留的地方，这世上永远不缺勤奋的人，但成功的人却很少，这就是原因之一。

第二重：方法迭代的勤奋。会把找到的各种方法应用到实战中。这种勤奋的思路是：我今天所遇到的问题其实别人也曾遇到过并很好地解决了，所以只要找到更好的方法去尝试、学习，我也可以解决问题。

第三重：愿景使命的勤奋。例如：先找出自己的人生使命，自己这一生活着的目的和意义是什么？然后找到自己的核心竞争力，认清自己的主线战场、赛道，以及自己的优势在哪，最终确认后再出发才能事半功倍。

然而，很多人之所以难以获得成功是因为自己是一直处在第一重的来回重复之中，也就是我们所说的低水平的勤奋当中。

其次，思考的维度单一。

世界上的事物都是错综复杂的。如果用辩证法的理论来解释有三方面的原因：事件是普遍联系的，一件事情的发生，同其他事情或事物存在一定的关联；世界是运动变化的，地球每天都在转，大自然每天都有微妙变化，事物每天也处于变化状态，事情也同样不例外；世界是对立统一的，所有的发展都会有矛盾性，是基于矛盾性推动而起的。而任何的事情都有阴阳两面，简单而言就是凡事都有利弊，对于一件事情的解决方案，不是简单地做加减法。这就是世界上的事情错综复杂的根本原因。

当今时代，人们出行时乘坐飞机是最为快捷的。从购票的流程看，如果是线上购票，那就只需要输入身份证，再用线上支付就可以结束，流程看起来较为简单。但是实际上这个背后是复杂的信息化系统，包括数据的收集、数据的分析、数据的跟踪、人员的售后等，这些蕴藏着很多不为人知的复杂和努力。我们今天很多人看这个问题的时候仅仅只能看到购票的这个过程，背后复杂的系统完全不知；而高手是能看到购票背后的整个底层逻辑与商业运作系统，这个就是本质的差距。在工作中、生活中、学习中我们总是会面对各式各样的问题，有些是非常简单的，直接就能够解决的，有些却是当时无法解决的。无论是什么问题，到最后，终究是要面对、要解决的。解决问题的方法各式各样，面对问题我们需要做的有很多。解决问题之前我们要思考怎么解决，这个思考，我们要深入、细致、全面。只有深入地思考，才能发现问题的本质，能够使我们从根源上解决这一类问题。细致，使我们能够发现解决问题的关键，事半功倍地解决出现的问题；全面，是我们能够避免顾此失彼的关键，如果考虑问题不全面，可能会在解决这个问题后面临着更大问题的出现。正如毛主席所言："不要以为世界上的事情那么简单，事情不是简单，而是错综复杂的。"

做事和思维的局限是普通人难以实现破局的重要原因，那我们应该如何做，才能真正提升我们的水平，开始破局呢？

（2）如何破局，才能突破一切障碍？

破局的关键是：一个核心、两个思维、三种方法。

第一，一个核心。

我们的人生想要有好的成长，首先要树立一个核心：就是"打造好的回路，逃脱坏的回路"。当前，我们的学习、工作、生活中充斥着各种各样的回路，好的回路就是能够导致"正循环"的行为，比如持续学习带来的正循环：学习—成长—增值—实践—复盘—学习。而坏的回路就会导致"负循环"的行为，比如"越忙越乱，越乱越忙"就是一种坏的回路。很多人陷入了工作狂的"负循环"：工作多—家庭陪伴少—家庭关系差—工作更多来证明自己。对于这样一个循环的模式，我们如何把"负循环"转为"正循环"呢？首要的是清晰定位、把握形势，找到突破方向。在这个过程中，每个人要先了解目前陷入在什么局（系统）中，有哪些可以突破的点，时刻保持清醒，以终为始开展思考：目标完成了多少？是按步骤进行的吗？距离目标还有多远？可以每周花费一小时来思考本周工作状况、方向、可以改进的地方，开始搭建正循环。如果做某件事可以让你有所收益，就可以思考如何让收益产生更多的正面激励。比如：写作给你带来了名利，下一步就可以通过已经获得的名利去做更多的事，比如去影响更多客户、培养更多人才,等等。

第二,两个思维。

首先,要拥有战略思维,逃出现有思维牢笼。很多人听到战略思维,第一反应会觉得很虚,认为这都是大企业家该琢磨的事情,我们这些普通人要了解干吗?实际上这个想法是大错特错,战略思维的本质是一种思维模式,更是每个人能破局的一个关键因素。战略思维的核心,不在于"得",而在于"舍",先有"舍"才后有"得"。当我们开始战略思维的时候,我们要问自己三个问题:做什么,不做什么?先做什么,后做什么?重要做什么,次要做什么?只要不具备未来长期回报的,眼前的利益再高也要狠心放下。狠心放下眼前的利益往往并不容易,因为这是一件反人性的事情。人性都是趋利避害的,短期利益表面看是"利",而放下短期利益表面看是"害"。短期利益和长期利益两者永远是相互矛盾的。做任何选择,核心就参考一个标准:切掉眼前利益,以未来长期的利益为导向。舍小利换大利,舍短期换长期。把市场最需要的、自己最擅长的那一件事情,投入全部资源,做到极致,而不是什么都想做,都想用。

其次,要拥有批判思维,凡事先看自己的盲区。批判思维教学的一大目标和原则,是激发学生自主思考和积极探索的欲望。在哈佛大学的批判性思维课上,教师的职责不是讲授,而是维持讨论的热烈进行。教师和学生就课程内容自由平等地发表自己的观点,通过对各种不同观点的辩证分析,共同批判谬误、发现真理。华中科技大学启明学院提出了"问题引导的批判性思维教学法",围绕问题,综合运用各种辩证式、教练式、研究式、实践式方法来配套教学。首先,学生自主思考、分析案例,力图从中抽取有关原则、方法、经验和教训;其次,教师对学生得出的原则和方法进行补充、概括和理论讲解;最后,教师用新的案例让学生以小组讨论、审议、写作等方式练习这些原则和方法。采用这种教学法,有助于从根本上改善教学质量,提升学生的理性意识和批判性思维能力,可被看作对"钱学森之问"的一种探索式回答。

第三,三种方法。

方法一:深度思考。思考是一种能力,思考是一种智慧,思考更是一种习惯。当你拥有了深度思考的能力,那么你就拥有了超越众人的实力。多想想现象背后的动机,寻找看不懂的存在背后的合理性。多思考几层后,发现很多以前理所当然的事情，多想几层之后，居然会发现不一样了。我们需要用自己的大脑去看世界，不然你所看到的，是别人喂给你的世界。深度思考如果是一个坐标图的话，"多思考几层"是思维的纵向挖掘，而"多思考几步"是横向现实拓展。体现在生活和处事上，比如出门在外，要多想可能发生的状况，提前做好准备；比如与人交流，要多考虑对方的需要和感受，这个外在体现形式，叫作情商；比如做事业，要提前做好规划和流程。凡事能够多思考几步的人，相对比较能做好风险控制，即使输了，也不至于输得太惨。思维的深度跟实践的深度是相关的，看一件事情、想一件事情和做一件事情构成的对一件事情的思考深度显然是不同的。在深度思考的过程中，我们要多思考三个维度：多思考一件事的不同角度，多思考一件事发展的前因后果，多思考一件事的底层逻辑。不论在任何时候，成功人士和不成功的人，他们的本质区别，就在于能不能深度思考、会不会深度思考。深度思考其实就是让你去追根溯源地找到事情的根源，然后通过根源找到相关联的事情，最后举一反三地解决问题，获得自己想要的答案。从哲学的角度来讲，人类对于任何事物的反应和一切改变世界的活动都是主观意识在客观世界中的投影。所以我们对于世界的认知，就是我们全部的世界。我们终其一生都在探究世界的边界，但是最终，探究的结果都是我们认知的提升。

刻意练习。该理论的核心是相信大脑有极强的适应能力，专家级的技能水平是逐渐地练出来的。训练的关键是按顺序完成一系列的分阶段小任务。这些任务必须是受训者正好不会做，但是又正好可以学习掌握的，在教育学里也被称为最近发展区。完成这种练习要求受训者思想高度集中，吃苦耐劳，这不是例行公事或者边打边闹的练习，需要大脑认真地参与，最终形成潜意识里的心理表征。日常生活中，我们无论是骑自行车还是打篮球，或者开挖掘机，任何技能的提升都需要大量重复训练。训练的结果是形成大脑潜意识中的心理表征。一个人要想能力有提高，就必须不断挑战自己，逼迫自己。我们遇到的挑战越大，大脑的变化就越大，学习也越高效。但是过分逼迫自己也可能导致倦怠。科学分析将我们的大脑细分成三层：最内一层是"舒适区"，是我们已经熟练掌握的各种技能；最外一层是"恐慌区"，是我们暂时无法学会的技能；二者中间的则是"学习区"。只有在学习区里面练习，一个人才可能进步。因此，处在舒适区之外却离得不太远的挑战，才能使大脑的改变最为迅速。在学习区内的练习并不是为了完成运动量,而是持续地做自己不能做好的事,以求自己技能的提高。例如对于普通爱好者打高尔夫球纯粹是为了享受打球的过程,而职业运动员则侧重于练习在各种极端不舒服的位置打不好打的球。

克服障碍。每个人都会经历以下四个认知阶段:不知道自己不知道;知道自己不知道;知道自己知道;不知道自己知道。很多狂妄自大、目中无人的人往往处于不知道自己不知道的阶段。自以为天下第一、自以为博才多学无所不能,其实就是个"无知人士"。如果把你拥有的知识比喻成一座孤岛,而广袤无垠无边大海就是你不知道的知识,我们可以称之为无知之海,岛屿与大海的交界处就是海岸。当这个小岛很小的时候,你以为自己没有盲区,其实是你看不到宽广的大海。当这个小岛不断变大,海岸线不断宽广起来,你会发现:大海原来是这么令人心潮澎湃。不断提升认知层次,直到有一天达到不知道自己知道的境界,那个时候,就不会再有很多的焦虑,你已经成为自己人生事业的主人!

3. 练就解决问题的应用能力

2020年秋季学期中央党校(国家行政学院)中青年干部培训班10月10日上午在中央党校开班。习近平总书记在开班式上发表重要讲话时强调:历史总是在不断解决问题中前进的。我们党领导人民干革命、搞建设、抓改革,都是为了解决我国的实际问题。提高解决实际问题的能力是应对当前复杂形势、完成艰巨任务的迫切需要,也是年轻干部成长的必然要求。这一重要论述也为大学生涵养初心、秉持担当、服务群众提供了重要遵循。提高解决实际问题的能力也是大学生成长成才、守土尽责、奉献作为、造福群众的必备素养和基本前提条件。

大学生练就解决问题的能力,可以从以下3个方面着手:

第一,要在学习实践中克服"本领恐慌"。解决实际问题的能力不是与生俱来的,也不可能一蹴而就,需要通过持续不断地学习和实践来获得。经济社会发展没有止境,学习实践也没有止境。随着世情国情不断发展变化,各种困难、风险、挑战层出不穷,一些大学生"本领恐慌"逐渐显现。好学才能上进,掌握新知识、新技能才能解决新问题。习近平新时代中国特色社会主义思想以全新的视野深化对共产党执政规律、社会主义建设规律、人类社会发展规律的认识,提出了一系列治国理政新理念新思想新战略,开辟了马克思主义中国化新境界。必须认真学习领会马克思主义理论特别是习近平新时代中国特色社会主义思想，理解把握贯穿其中的马克思主义立场、观点、方法，面对大局、大势和大事才能站得高、望得远、看得清，不断提高解决各种复杂问题、应对各种风险挑战的能力。

第二，要在深入人民群众中汲取智慧力量。基层是最大的课堂，群众是最好的老师。虚心向人民请教，从人民群众创造的新经验新做法中汲取智慧，有助于大学生及早适应社会、做好统筹谋划，推动解决各种问题和矛盾。大学生要深入人民群众，倾听群众呼声、体会群众感受，了解社情民意，自觉站在人民群众立场上，想群众之所想、急群众之所急，解决人民群众最关心最直接最现实的利益问题，实现好、维护好、发展好最广大人民根本利益，拜群众为师，把人民放在心中最高位置，在群众的创造性实践中增强解决实际问题能力。

第三，要在勇于担当作为中提高执行能力。大学生不经过艰苦环境的摔打，就经不起风浪的考验、驾驭不了复杂的局面，勇于在"急、难、险、苦"的环境中磨炼，才能练就一身"硬功夫"。必须坚持创新思维，答好"是什么""为什么""怎么做"三问，跟着问题走、奔着问题去，在日常学习工作中立足岗位、扎根基层，在久久为功中不断孕养和厚积，准确识变、科学应变、主动求变，在把握规律的基础上实现变革创新，以实实在在的砥砺坚守、担当实干、实践锻造提升真真切切的解决实际问题能力。

提升科学思维智力

学习目标

1. 从实际出发,培养实事求是的科学思维。
2. 从细处着手,培养精准精细的科学思维。
3. 实现新发展,培养勇于创新的科学思维。
4. 建立整体观,培养全面系统的科学思维。

思维导图

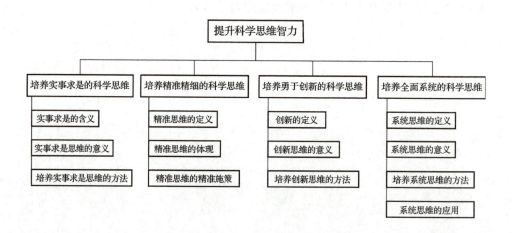

让乘客不用等候行李

一般的机场，乘客下飞机后，都要在取行李处等上几分钟后才能取到行李。这种现象常常会引起乘客们的抱怨。

按习惯思考方法，要解决此问题只有加快行李输送的速度。可国外有一家机场的管理人员大胆突破这种思维定式，想出通过增加从停机坪到取行李处时间的方法，使下飞机的乘客需要多走几分钟才能到达行李处取出行李。经过这样的处理，乘客不再感到领取行李需要等候很长时间了，还纷纷赞扬这家机场的办事效率。

问题：

（1）这位机场的管理人员是怎样进行思维创新的？

（2）请你谈谈创新能力对当代青年的作用。

科学思维，也叫科学逻辑，即形成并运用于科学认识活动，对感性认识材料进行加工处理的方式与途径的理论体系；它是真理在认识的统一过程中，对各种科学的思维方法的有机整合，它是人类实践活动的产物。在科学认识活动中，科学思维必须遵守三个基本原则：在逻辑上要求严密的逻辑性，达到归纳和演绎的统一；在方法上要求辩证地分析和综合两种思维方法；在体系上，实现逻辑与历史的一致，达到理论与实践的具体的历史的统一。1999年，英国广播公司BBC举行了一系列民意测验，请人们说出一千年来最伟大的人物。同年10月，BBC向人们宣布了评选结果，卡尔·马克思当选"最伟大的思想家"，爱因斯坦、牛顿和达尔文分别列第二、三、四位。BBC说："马克思作为一位哲学家、社会科学家、历史学家和革命者所取得的成果在今天仍然得到学术界的尊重。"（见英国《经济学家》周刊2002年12月21日一期文《共产主义的马克思》）不管今天世界上对马克思的学说有多少种解释，他的学说的科学论证和主要核心是否定不了的。通过学习和理解马克思、恩格斯的论述，可知"思维与存在"的问题不仅是哲学的基本问题，也是思维科学的基本问题。通过深入学习，可以让人明白"思维"是人脑的机能，是大脑对外部客观世界的反映,理解理论思维的本能和无条件的前提是"我们主观的思维和客观的世界遵循同一些规律",等等。尤其是使人们更加清楚地认识到"在以往的全部哲学中仍然独立存在的,就只有关于思维及其规律的学说",这个学说就是思维科学。恩格斯说:"每一个时代都有理论思维,从而我们时代的理论思维都是一种历史的产物,它在不同时代具有完全不同的形式,同时具有完全不同的内容,因此,关于思维的科学,也和其他各门科学一样,是一种历史的科学。……思维规律的理论并不像庸人的头脑在想到'逻辑'一词时所想象的那样,是一种一劳永逸的完成的'永恒真理'。"(人民出版社《马克思恩格斯选集》第4卷1995年版,第284页)钱学森院士大力倡导的思维科学体系,从本质上讲就是遵照着恩格斯的这一教导。钱学森院士认为,人的思维规律除了抽象(逻辑)思维规律,还有形象思维规律、灵感思维规律、社会思维规律。其实,形象思维规律、灵感思维规律等都不仅限于"逻辑"范畴,特别像灵感这样的思维规律就是一种典型的非逻辑、非线性思维规律。

1. 培养实事求是的科学思维

(1)实事求是的含义。毛主席指出:"实事"就是客观存在着的一切事物,"是"就是客观事物的内部联系,即规律性,"求"就是我们去研究[①]。简而言之,就是从实际出发,探寻事物规律性,按客观规律办事。大学生作为一个比较特殊的群体,正站在校园与社会的边缘。从当今社会大学生庞大的数量和未来的重要作用上来看,大学生这个群体的身上背负着的是中华民族的美好未来,背负着社会大众的殷切期望。所以,作为当代大学生,关心的不应该仅是个人的发展,更应该为这个社会、这个国家、这个民族做更深层次的思考。然而,新一代大学生,因为生活条件的巨大改善、物质生活的极大丰富,人生观、价值观与上一代人相比有着巨大的变化。没有经历过过去艰难岁月的当代大学生,对痛苦、磨难没有深刻的认识,有的人因此而变得比较轻浮而躁动,冲动而脆弱;有的人过得很麻木堕落,迷恋游戏;也有一些人思想偏激、冲动;还有不少人过得很盲目,找不到人生的方向。这些人毫不顾忌地荒废着宝贵的青春年华。导致这一现象的原因包括两个方面:一方面,是由于人的思想的多元化和大学生思想素质的多层次性,每个人的想法都不一样,价值观不

[①] 出自1941年5月19日,毛泽东在延安干部会议上所作的《改造我们的学习》的报告。

同，驱使大学生做出不同的抉择；另一方面是由于大学生环境的复杂化，大学生活是丰富多彩的，与高中完全是两个不同的世界。各种诱惑刺激着世界观、人生观和价值观还未完全成熟的大学生，使他们迷失了方向，忘记了自己曾慷慨激昂地立下的誓言，出现理想信念淡薄、缺乏责任感和荣誉感、心理问题严重、荒废学业以及沉迷于网络游戏、恋爱、酒吧等一系列问题。所以，作为当代大学生，应该少一些虚荣，多一些务实；少一些妄想，多一些理性，更应该从实际出发，实事求是。时代和社会是不断地发展着的，为了适应发展的需求，大学生更应该时刻牢记实事求是，一切从实际出发，量力而行，不能好高骛远，不能自卑，更不能骄傲，头脑清醒地找到适合自己发展的位置，不能妄想打擦边球来蒙混过关。

（2）实事求是思维的意义。实事求是是马克思主义的精髓，坚持一切从实际出发，是大学生想问题、办事情的出发点和落脚点。作为基本思想方法，实事求是强调对实际情况做深入系统的调查研究，使思想、决策、行动更加符合人民群众的生产生活实际和思想实际。实事求是，重在"求是"，即探求和掌握事物发展的规律。探求和掌握事物发展的规律，必须勇于实践、善于实践，在实践中不断积累经验、进行理论升华，用以指导实践、推动实践，并在实践中使认识得到检验、修正、丰富和发展。大到国家建设，小到个人的事业，要想取得成功，实事求是都是我们不可缺少的法宝。可以说，它是一种素质，是一种能力，更是一种品质，需要年轻的大学生自觉地培养。

第一，认识世界离不开实事求是的思维方式。实事求是的理论基础是马克思主义哲学的世界物质统一性原理，实事求是是属于唯物主义阵营的，实事求是的方法立足于承认和尊重客观世界的本来面目，主张通过对各种现象的考察，通过感性认识到理性认识的升华，去粗取精、去伪存真，从而透过现象揭示内在的本质和规律，并运用所得规律性认识为进一步认识和改造世界服务。大学生在成长过程中会遇到各种各样的人、各种各样的事情，想要了解到事物的本质，需要大学生自觉坚定实事求是的信念、增强实事求是的本领，时时处处把实事求是牢记于心、付之于行，把实事求是贯穿到各项学习、实践当中去，经常、广泛、深入地开展调查研究，努力把真实情况掌握得更多一些、把客观规律认识得更透一些，为做好各项工作、担当作为打下扎实基础。

第二，成才之路要靠实事求是来铺就。每一条成功之路都有其特定的条

件,适合他人的方法,并不一定适合自己。成才之路千万条,我们能做的只是借鉴他人的经验和方法,根据自己的实际情况去寻找适合自己的成功之路。无数正反两方面经验都证明了这一点。万事万物都是与众不同的,各具规律性和独特之处,就像世上"没有两枚相同的叶子"一样。大学生要成才,就要脚踏实地、实事求是,根据各自的特点去扬长避短、对症下药,锻造务求实效、一切从实际出发的工作态度,不受"速成论""形式主义""教条主义"的干扰,在求真务实的实践历练中实现自身稳步提升,选择适合自己的成才之路。

为了适应时代的要求和社会的需要,针对大学生本身存在的种种问题,大学生必须静下心来,去思考真正解决问题的办法,去真正地提升自身的能力和素质。那些投机取巧的人,那些徒有其表、名不副实的人,终会在社会的大浪淘沙中退出历史的舞台,这个世界永远属于那些有着真本领的人。

第三,成功就业要求大学生具备实事求是的素质。有人说,职场如战场。竞争对手强手如林,招聘单位真假难辨,鱼龙混杂,这就要求大学生做到:首先,随时关注国家政策环境、本专业的市场需求状况、企业对人才的具体要求等。其次,对满意的用人单位进行必要的调查了解。最后,保持诚实守信的良好品格,勤调查、细摸索、善分析,自觉增强勤学苦练的意识,事不避难、义不逃责,才有可能在职场上竞争到心仪的职位。

当前,大学生就业难问题越来越凸显,一个重要原因就是很多学生没有坚持一切从实际出发,眼高手低、好高骛远。大学,是我们进一步提升自己科学文化知识的地方,是我们真正学得一番本领的地方。在学校里,必须掌握好自身专业的知识和技能,不轻易逃课、翘课,不无所事事、迷茫盲目,为以后进入社会打下坚实的基础。关于就业,大学生尤其应该注意坚持实事求是看问题。很多刚毕业的大学生难以就业,原因不是不能就业,而是自己不愿就业,一直被当作骄子的大学生,毕业后难免希望有一番大作为,对低薪工作看不上,高薪工作自身又不符合要求,这就导致了部分啃老族的出现。而且大学生毕竟年轻,经验不足,在没有办法得到让自己满意的工作时,有些大学生选择了"宁为玉碎,不为瓦全",这些都是不注重实际,没有看清现实造成的。理论联系实际,在就业上,就要权衡自身实力和社会状况,实事求是,寻找就业出路,觉得有发展前途就不妨去尝试,不要为旧的思路所禁锢,不妨另辟蹊径。面对着残酷的社会现实,大学生只有拓宽思路,放开视野才能抓住更多成功机会。

（3）大学生中偏离实事求是的几种表现。在实践中，人们对于"实事求是"含义认识上的误解和片面认识往往导致行为上的种种偏差。这在年轻的大学生身上表现得尤其明显。由于对事物的复杂性认识不足和缺乏实事求是精神，在认识自身和他人、处理学习和工作问题等方面，大学生容易出现种种脱离实际的现象，主要表现在以下3个方面：

第一，选择专业时缺乏冷静判断，追求表面的风光。

热门专业的从业者有着高薪收入和优厚待遇，工作环境优越，工作性质富于挑战，社会地位高，富有自豪感，这一切像磁铁般强烈地吸引着年轻人。殊不知，正如俗话所说：寸有所长，尺有所短，每个人的能力和个性有很大差异，不是所有人都适合从事这些职业。尽管如此，在高考填报志愿时，不少学生和家长仍不改初衷"唯热门专业是选"，顾不上考虑自己的特长、兴趣和缺陷等个性特点，纷纷涌向这些看似风光的专业。

第二，求学过程中缺乏脚踏实地精神，盲目攀比。

当今社会崇尚物质享受的风气波及校园，在校大学生难免受其影响。在提倡竞争、鼓励成功的当今社会里，大学生们羡慕他人的成就，渴望出人头地、出类拔萃，拥有成功的事业，这本是无可非议的。但许多人在渴望成功的同时，却畏惧摸爬滚打的艰辛，热衷于从书本上获得他人的成功之道，不重视通过实践来取得一手的经验，介绍成功之路的书籍在学生中异乎寻常地畅销。间接地获取别人成功的经验虽然必要，但毕竟无法代替脚踏实地、真刀实枪的奋斗。那种企图通过捷径，随随便便获得成功的想法是不切实际的，也容易导致当事人误入歧途。媒体上曾报道了不少大学生因为求财心切，又不知辨别，而被一些不法传销公司利用，上当受骗的事例。这类现象折射出一个事实：部分大学生身上缺乏脚踏实地的生活态度和尊重实践的科学意识。

第三，就业时眼高手低，不能客观地评价自己的水平能力。

由于长期生活在校园里，大学生们对就业市场状况普遍了解不足，关于各类人才的供需情况缺乏足够的调查和分析。临就业之际，不少人在求职过程中，不切实际地奢求一份既轻松又能获得高薪的工作，并往往以失望告终。理智的做法应该是客观评价自己的水平、能力，找到适合自己的岗位，去构筑自己的成功之路。

（4）培养大学生实事求是品质的重要性和途径。实践证明，大到国家建设,小到个人的事业,要想取得成功,实事求是都是须臾不可缺少的法宝。可以说,它是一种素质,是一种能力,更是一种品质,需要年轻的大学生自觉地培养。

第一,认识世界离不开实事求是的思维方式。

实事求是的理论基础是马克思主义哲学的世界物质统一性原理,实事求是是属于唯物主义阵营的,实事求是的方法立足于承认和尊重客观世界的本来面目,主张通过对各种现象的考察,通过感性认识到理性认识的升华,去粗取精去伪存真,从而透过现象揭示内在的本质和规律,并运用所得规律性认识为进一步认识和改造世界服务。

第二,成功就业要求大学生具备实事求是的素质。

有人说,职场如战场。竞争对手强手如林,招聘单位真假难辨,鱼龙混杂,这就要求大学生做到:首先,随时关注国家政策环境、本专业的市场需求状况、就业环境、企业对人才的具体要求等。其次,对满意的用人单位进行必要的调查了解。可以说,只有依靠实事求是的方法,勤调查、细摸索、善分析,才有可能在职场上竞争到心仪的职位。

第三,成才之路要靠实事求是来铺就。

每一条成功之路都有其特定的条件,适合他人的方法,并不一定适合自己。成才之路千万条,大学生可以借鉴他人的经验和方法,根据自己的实际情况去寻找适合自己的成功之路。

万事万物都是与众不同的,各具规律性和独特之处,就像世上"没有两枚相同的叶子"一样。大学生要成才,就要脚踏实地,实事求是,根据各自的特点去扬长避短、对症下药,选择适合自己的成才之路。

开卷有益,读史明智。作为担当国家未来建设者的大学生应主动掌握正确的方法论,养成勤读、善取的好习惯。如:关心世界和国家大事,重视积累历史和现实知识;在学习中借鉴前人和他人的成功方法;在生活中善于总结各种社会生活经验;在纵观历史、放眼世界的不断学习中去积累深厚的理论、知识基础,去开阔视野,提高客观、理性地看待问题的能力,从而培养实事求是的意识和增强创新精神。

2. 培养精准精细的科学思维

习近平总书记强调:"要强化精准思维,做到谋划时统揽大局、操作中细致精当，以绣花功夫把工作做扎实、做到位。"① 在新时代新征程上，改革发展稳定任务艰巨繁重，大学生也要培养精准思维，努力学习，为更好地守初心、担使命、出业绩打好基础。"工欲善其事，必先利其器。"树立科学思维方式，就是为了掌握认识和分析问题的有效工具，提高解决问题的能力。在新时代，我们党领导人民进行伟大社会革命，涵盖领域的广泛性、触及利益格局调整的深刻性、涉及矛盾和问题的尖锐性、突破体制机制障碍的艰巨性、进行伟大斗争形势的复杂性都是前所未有的。这就迫切要求新一代青年人树立科学思维方式、提高科学思维能力。精准思维强调具体和准确，坚持具体问题具体分析，在实施中求真务实，增强针对性、准确性，是科学思维方式、科学思维能力的重要体现。

以习近平同志为核心的党中央高度重视精准思维。比如，针对党的作风建设存在的问题，制定中央八项规定，直面现实问题，提出具体要求，务求取得实效。党的十八大以来，我们之所以刹住了一些过去被认为不可能刹住的歪风，纠治了一些多年未除的顽瘴痼疾，党风政风和社会风气为之一新，一个重要原因就是持之以恒落实中央八项规定及其实施细则精神，深刻体现了精准思维。又如，坚持精准扶贫方略，注重扶持对象精准、项目安排精准、资金使用精准、措施到户精准、因村派人精准、脱贫成效精准；坚持分类施策，因人因地施策、因贫困原因施策、因贫困类型施策，做到对症下药、靶向治疗，确保如期打赢脱贫攻坚战。再如，面对突如其来的新冠肺炎疫情，党中央果断决策、沉着应对，坚持人民至上、生命至上，提出坚定信心、同舟共济、科学防治、精准施策的总要求，抗击疫情斗争取得重大战略成果。党中央还提出，城市治理要有绣花般的细心、耐心、巧心，着力提高社会治理社会化、法治化、智能化、专业化水平，更加注重在细微处下功夫、见成效。精准思维，闪耀着马克思主义世界观和方法论的光辉，蕴含着强大的思想动能，推动各项工作真正落到实处、见到实效。

（1）精准思维是一种科学有效的思维方式和务实管用的工作方法。精准思维，强调具体和准确，要求动作精准到位、在一个个具体的点上解决问题，排

---

① 出自 2022 年 3 月 1 日，习近平总书记在 2022 年春季学期中央党校（国家行政学院）中青年干部培训班开班式上的重要讲话。

斥大而化之、笼而统之地抓工作。比方说，这次应对新冠肺炎疫情大考，习近平总书记亲自指挥、亲自部署，从"在科学精准救治上下功夫，最大限度提高治愈率、降低病亡率"到"既要立足当前，科学精准打赢疫情防控阻击战，更要放眼长远，总结经验、吸取教训，针对这次疫情暴露出来的短板和不足，抓紧补短板、堵漏洞、强弱项"，再到"要坚持用全面、辩证、长远的眼光分析当前经济形势，努力在危机中育新机、于变局中开新局"，精准救治、精准防控、精准统筹、精准复工……这些都成为我们夺取疫情防控和经济社会发展双胜利的重要方法论。再比如，在脱贫攻坚战中，针对"贫有百样，困有千种"，习近平总书记提出"精准扶贫""精准脱贫"方略，这也是坚持一切从实际出发，具体问题具体分析，根据各地不同的"穷因"，把准脉、开好方，因时制宜、因地制宜、因人制宜，聚焦"两不愁三保障"突出问题，精准施策、精准发力，取得了脱贫攻坚战决定性进展。

现实矛盾都是由一系列具体问题累积起来的，化解矛盾、推进工作必须强化精准思维意识，从一个个具体问题入手，积小胜为大胜。精准思维是一种科学有效的思维方式和务实管用的工作方法，尤其是当前各种问题和矛盾错综交织，更需要用精准思维科学高效地解决问题。

（2）精准思维体现了马克思主义的认识论和方法论。精准思维在实践中就是精准施策，体现了马克思主义的认识论和方法论。精准施策，必然建立在精准思维之上，是对客观事物发展规律的深刻认识和科学把握，深化了马克思主义知行统一的知行观。

精准施策不仅是一个从实践到认识的过程，而且是一个从认识再回到实践的反复过程，进一步深化了马克思主义的知行观。马克思主义认为，知与行是辩证统一的。坚持马克思主义知行观，就是要坚持在实践中不断认识真理、检验真理和发展真理，坚持理论联系实际，不断提高政治素养和实际工作本领。具体而言，在知行关系中，知是行的基础和前提，要想做到"精准"，首先必须对事物发展现状有全面的了解，对事物发展规律有科学的认知，对事物发展趋势有精确的研判，对"是什么、为什么、怎么样"做到熟知、全知、深知，才能制定行得通、行得准、行得顺的措施和部署；只有深入了解民情、掌握实情，搞清楚问题是什么、症结在哪里，才能拿出破解难题的实招、硬招，为精准施策打下坚实的基础。行才是重点、是关键，只有在知的基础上，制定与客观实际相符合的策略，并贯彻实施，将其做细做精做实，才能达到实效高效，达到知与行的高度统一。

精准施策是知与行的统一，是关于世界观和方法论的学问，是一门思维与实践的艺术，同时也深刻昭示我们，要注重养成精准的思维习惯，要用精准的眼光分析判断问题，要用精准的对策措施解决问题，要用精准的行动化解矛盾推动工作。

（3）精准思维精准施策要把握好几个关键问题。

第一，要坚持"以人民为中心"。在精准施策中，随着发展条件和环境改变的是策略、战术，始终不能变的是以人民为中心的立场。做一切工作，必须坚持以人民为中心的发展理念，坚持以人民为中心是新时代坚持和发展中国特色社会主义的根本立场，始终把人民放在心中最高的位置，始终为人民利益和幸福而努力奋斗。

第二，要善于把握客观规律，弘扬科学精神。树立科学态度，运用科学手段、科学方法，对事物的运行规律及发展趋势有精准认识并做出精准研判，精准对接群众的需求与呼声，制定出具有战略性、针对性、实效性的精准策略。同时，不能陷入死板教条，不能拘泥于形式、搞"一刀切"，要坚持把马克思主义基本原理与客观实际相结合，审时度势、因地制宜，不断提升工作的科学性。

第三，要坚持系统思维，树立大局观念。精准施策强调抓准抓细抓实，但并不是说工作仅仅局限于细枝末节，而是做到心中有大局、有方向、有核心，是在把握正确方向、明确战略重点基础上的精细精致，是真正的"从大处着眼、从细处入手"。在精准施策中树立大局观念，就是要把握好整体与部分的关系，处理好整体推进与重点突破的关系，按照总体布局，树立问题意识，扭住短板、断点、堵点，精准靶向发力，从而起到"四两拨千斤"的作用。

第四，要准确把握量变和质变的关系。任何事物的发展都不是一蹴而就的，而是一个从量变到质变的过程。精准施策，就是力求把握好事物发展中量变和质变的辩证关系，通过抓好事物发展中的量变来推进事物实现质变，最后通过质变推动实现事物的发展和事业的进步。离开一定量的积累，就不可能有质的飞跃；离开质变就不可能达到人们追求的目标。要坚持从量变到质变，积跬步而至千里，这是精准施策实施过程中必须牢记的辩证法。

第五,注重坚持问题导向。抓住主要矛盾和矛盾的主要方面。只有抓住主要矛盾和矛盾的主要方面,才能切中肯綮、化繁为简,精准发力、精准到位,保证"出拳"的针对性和准确性,科学高效地解决问题。强化精准思维,还要注重细节。如果对工作、对事业仅仅满足于一般化、满足于过得去,大呼隆抓,眉毛胡子一把抓,那么问题就会被掩盖。

3. 培养勇于创新的科学思维

(1)创新的定义。创新是指以现有的思维模式提出有别于常规或常人思路的见解为导向,利用现有的知识和物质,在特定的环境中,本着理想化需要或为满足社会需求,而改进或创造新的事物、方法、元素、路径、环境,并能获得一定有益效果的行为。工艺创新指企业通过研究和运用新的方式方法和规则体系等,提高企业的生产技术水平、产品质量和生产效率的活动。20世纪50年代,美国人德鲁克第一次把创新引进管理领域,有了管理创新。他认为创新就是赋予资源以新的创造财富能力的行为。"创新"两个字扩展到了社会的方方面面。比如我们讲的理论创新、制度创新、经营创新、技术创新、教育创新、分配创新。我们大学生的学习方法也要创新。对创新我们有多方面的理解,说别人没说过的话叫创新,做别人没做过的事叫创新,想别人没想的东西叫创新。有的东西之所以叫它创新,就是因为它改善了我们的工作质量、生活质量,有的是因为它提高了我们的工作效率,有的是因为它巩固了我们的竞争地位,有的是因为它对我们的经济、社会、技术产生了根本影响。所以我们叫它创新,但是创新不一定非得是全新的东西,旧的东西以新的形式包装一下,也叫创新。旧的东西以新的点切入叫创新,总量不变但改变结构叫创新,结构不变改变总量也可以叫创新。

(2)创新思维的意义。众所周知,人才培养是全方位全过程全员的一项系统工程,培养专业知识和学习能力是其中的应有内容,但除此之外,培养和提高创新思维能力也是必不可少的重要环节。那培养和提高创新思维的重要性体现在哪些方面呢?

第一,培养和提高创新思维能力是促进专业学习提升、专业能力发展必不可少的重要措施。从个人的成长成才规律来看,一个人的成长过程需要遵循一定的规律,需要从基础层面的学习到更高层次的学习,一步一个脚印,脚踏实地往上走。在这一过程中,不是单纯的死记硬背就可以了,而是必须要有一点创新意识、开拓精神，因为我们的知识是在不断更新、不断发展的。以信息技术为例，十几年前使用的软件或者编程的语言，到现在已经过时了。这实际上就要求我们一定要具备一定的创新意识、创新思维、创新能力，如果依然墨守成规，使用老套路，那很可能会被时代抛弃。因此，在专业学习过程当中，需要培养和提高创新思维能力，把创新思维融入专业学习当中，才能更好地把握专业学习的要求，促进专业学习和专业能力的提升，这是人才培养的必然要求，也是自身专业能力提升的必要准备。

第二，培养和提高创新思维能力，有助于培养更多高层次拔尖人才，促进人才强国战略和科技强国战略的全面实施。从世界范围内来看，无论是发达国家还是发展中国家，都纷纷抢占人才的制高点，都想吸纳一大批高层次拔尖创新人才。培养高层次拔尖创新人才必不可少的一个措施，就是培养和提高创新思维能力，因为只有具备创新思维能力，才能够促进创新人才成为拔尖人才，拔尖人才成为高层次人才，高层次人才成为顶尖人才。因为创新思维贯穿整个科学研究的过程，如果不具备创新思维能力，很可能就会江郎才尽，不知所措，到头来可能被时代所抛弃。因此，只有培养和提高创新思维能力，才能促进人才的持续成长，尤其是促进人才强国、科技强国战略的全面实施。因为这两大战略归根结底需要人才来推动，推动的关键就在于创新思维能力。

第三，培养和提高创新思维能力，是推动个人全面进步的根本要求。一个人的成长成才包含了很多内容，既有专业能力的学习，也有思想境界的提升，更加有实践能力的锻炼。但不管是专业学习还是思想认识，乃至社会实践，都少不了创新思维能力，可以说创新是推动人不断进步的基础性力量。无论是在校学习，还是毕业后走上社会工作，当公务员、科学家或者是其他各级各类职业，都需要具备一定的创新思维能力。只有具备了一定的创新思维力，才能够在发展上更加从容，优势更加凸显。总之，培养和提高创新思维能力是专业能力提升的需要，是人才强强国战略实施的需要，更是个人全面发展的需要，具有重要的现实意义和实践意义。

（3）培养创新思维的方法。在生活中，有4种心理会限制创新思维。一是从众心理。从众就是服从众人，顺从大伙儿，随大流。别人怎样做，我也怎样做；别人怎样想，我也怎样想。我们仔细观察一下，社会上人们大部分的行为选择其实都是盲目从众的结果，而很少经过自己独立的深思熟虑。二是权威心理。很多时候，我们都会习惯于征引权威的观点，不加思考地以权威的是非为是非；一旦发现与权威相违背的观点或理论，便想当然地认为其必错无疑。可在当下的社会，存在着很多假权威，即便是真权威，随着时间的推移，旧权威不断让位于新权威，今天的权威取代了昨天的权威，而明天的权威又将取代今天的权威。三是经验心理。经验是个好东西，只要具有某一方面的经验，那么在应付这一方面的问题时就能得心应手。特别是一些技术和管理方面的工作，非要有丰富的经验不可，老司机比新司机能更好地应付各种路况；老会计比新会计能更熟练地处理复杂的账目。但是，对经验的过分依赖或者崇拜，形成固定的思维模式，结果就会削弱头脑的想象力，造成创新思维能力的下降。从思维的角度来说，经验具有很大的狭隘性，束缚了思维的广度。四是书本心理。读书自然是件好事，可以丰富我们的知识、拓展我们的视野等。但是我们也要认识到："书"是作者个人的经验、思维所堆积的产物，而且书本知识反映的是一般性的东西。所以在看书学习的时候，我们不能不加思考地盲目相信和运用书本知识，这也就是孟子说的"尽信书不如无书"的道理。日常生活中，培养创新思维的5种方法如下：

第一，用"求异"的思维去看待和思考事物。也就是说，在我们的学习工作和生活中，要多去有意识地关注客观事物的不同性与特殊性，不拘泥于常规，不轻信权威，以怀疑和批判的态度对待一切事物和现象。

第二，有意识地从常规思维的反方向去思考问题。如果把传统观念、常规经验、权威言论当作金科玉律，常常会阻碍我们创新思维活动的展开。因此，面对新的问题或长期解决不了的问题，不要习惯于沿着前辈或自己长久形成的固有思路去思考问题，而应从相反的方向寻找解决问题办法。

第三，用发散性的思维看待和分析问题。发散性思维是创新思维的核心，其过程是从某一点出发，任意发散，既无一定方向，也无一定范围。

发散性思维能够产生众多的可供选择的方案、办法及建议，能提出一些独出心裁、出人意料的见解，使一些似乎无法解决的问题迎刃而解。

第四，主动地、有效地运用联想。联想是在创新思考时经常使用的方法，也比较容易见到成效。我们常说的"由此及彼、举一反三、触类旁通"就是联想中的"经验联想"。任何事物之间都存在着一定的联系，这是人们能够采用联想的客观基础，因此联想的最主要方法是积极寻找事物之间的关系，主动地、积极地、有意识地去思考他们之间的联系。

第五，学会整合，宏观地去看待问题。我们很多人擅长的是"就事论事"，或者说看到什么就是什么，思维往往会被局限在某个片区内。整合就是把对事物各个侧面、部分和属性的认识统一为一个整体，从而把握事物的本质和规律的一种思维方法。

当然，整合不是把事物各个部分、侧面和属性的认识，随意地、主观地拼凑在一起，也不是机械地相加，而是按它们内在的、必然的、本质的联系把整个事物在思维中再现出来的思维方法。

4. 培养全面系统的科学思维

（1）系统思维的定义。系统思维是原则性与灵活性有机结合的基本思维方式。刘萍所著的《行政管理学》指出，客观事物是多方面相互联系、发展变化的有机整体。系统思维就是人们运用系统观点，把对象互相联系的各个方面及其结构和功能进行系统认识的一种思维方法。整体性原则是系统思维方式的核心。这一原则要求人们无论干什么事都要立足整体，从整体与部分、整体与环境的相互作用过程来认识和把握整体。系统思维不同于创造思维或形象思维等本能思维形态，能极大地简化人们对事物的认知，给我们带来整体观。

人们在工作、生活中遇到的每一件事物，都有两个层面，一个是显性层面，一个是隐性层面。显性层面，就是我们能够一目了然看到的、构成事物整体的各个部分和要素。隐性层面，就是隐藏在显性层面之后，不能直接看到，要经过调查、思考和研究才能认识到的部分和要素之间的相互联系、相互作用，以及保证事物正常运行的逻辑和规则。因此，要真正认识一个事物，必须至少把握3点：一是构成事物的各个部分和要素；二是各个部分和要素之间的相互联系、相互作用；三是事物正常运行的逻辑和规则。把握了这三点，才称得上真正洞察了事物。而系统思维就是教我们在观察、认识事物时，透视事物部分和要素之间相互关系和运行规则，从整体和全局上把握事物的方法。1937年7月，毛泽东同志在《实践论》中指出："要完全地反映整个的事物，反映事物的本质，反映事物的内部规律性，就必须经过思考作用，将丰富的感觉材料加以去粗取精、去伪存真、由此及彼、由表及里的改造制作工夫，造成概念和理论的系统，就必须从感性认识跃进到理性认识。"（《毛泽东选集》第一卷）所以，所谓系统思维，本质上就是由表及里、由此及彼、去粗取精、去伪存真从整体和全局上把握事物性质、规律和发展趋势的一种能力和智慧。

（2）系统思维的意义。系统思维就是把认识对象作为系统，从系统和要素、要素和要素、系统和环境的相互联系、相互作用中综合地考察认识对象的一种思维方法。简单地说，如果我们能以系统性思维来分析和解决问题，就不会出现学习和工作的被动性、局限性等问题。可以说，系统性思维能力是普世的、终身受益的一种能力。系统性思维能力需要我们在日常生活中多加学习和训练。谈到学习，柏拉图曾说："教育的基本原理在于，使人们在孩提时就建立起良好的思维体系。"系统思维是值得推崇的思维方式之一。系统思维相当于让我们习惯于站在更高的地方看待自己、看待事物，乃至看待这个世界。"站得高，望得远""人无远虑，必有近忧""未雨绸缪""防微杜渐""高屋建瓴"等这些中国古老的智慧，其实都是建立在系统思维的逻辑之上。"系统"不是机械、物品专有的性能，人本身就是一部活的系统。所以在我们为自己建立学习目标的时候、在我们将学习应用到实践中的时候，我们需要综合很多方面的因素，这样才能相对了解我们是否在对的时间做了一件对的事情。

如果从现在起开始锻炼自己——想象事物的多种结果、寻找同一问题的多种解决方案、发现不同事物间相同的规律、将看似毫不关联的两件事联系起来，针对同一件事刨根问底，充分说明这种练习已经开始接近系统思维的模式了。如果能够持之以恒地保持这个习惯，就会逐步具备"在对的时间做对的事情"的能力，如果再将这种能力应用于学习，就会产生事半功倍的效果。

奥地利生物学家贝塔朗菲在1948年出版了一本名叫《生命问题》的书，标志着"系统思维"的诞生，同时也标志着系统论的问世。虽然全书都在讲述生物学知识，但它却适用于各种组织和整个社会。培育全面系统思维，意义十分重大。一是有利于培养全局意识。事物之间相互作用，不断发展，一旦形成边界清晰的系统，系统就会以一种精密的方式运行。系统思维是整体的思维方式，要求不能只看眼前，而要养成从不同角度、多个方面发现系统的意识。如果采取只看部分、不看整体的单向思维模式，只解决眼前问题，忽略了系统的重要性，问题看似解决，但实际上隐患依然存在，并且一定会引发其他的问题，让事情朝着失去控制的方向进行。二是有利于透过现象看本质。事物之间不是孤立存在的，是联动的、互通的，看透系统内部的运作规律、发展方向，掌握事物的本质，你对事物的洞察力和思考的格局就会迈上一个新的台阶，逐渐成长为拥有远见卓识的大局观的高手。三是有利于洞察先机、拒绝延迟。系统内部的要素之间的关联性不是恒久不变的，而是呈现一种动态发展的规律，而且，这种发展会有一定的延迟性。蝴蝶效应就是最好的例证：一只南美洲亚马孙河边热带雨林中的蝴蝶，偶尔扇几下翅膀，就有可能在两周后引起美国得克萨斯的一场龙卷风。这里的"两周后"就是系统延迟，每个系统都存在延迟，因为系统内部运作需要时间，不可能达到同时同频，越复杂的系统，延时越强。而运用"系统思维"，从整体的角度看系统，就能帮助我们寻找到系统延迟的关键点，让我们洞察先机，掌握最新最快的讯息，出奇制胜。

（3）培养系统思维的方法。系统思维并不神秘，也不高深，只要拥有正常的理性思考能力，普通人经过一定时间的锻炼和累积，就能够拥有这一能力。那么，培养系统思维应该从哪里入手呢？可以从3个方面着手：

①在全面上下功夫。全面就是全要素考察，全方位分析，全角度体验，全过程把握。全要素：就是全面考察事物内部的所有要素以及外部与事物发生联系的所有其他事物，逐一考察分析其性质、特点等基本情况。全方位：从时代、背景、历史、文化、政策等时间、空间纬度，从上中下、左中右、前中后等各个方位对全要素进行考察分析，明确坐标定位。全角度：站在事物内部各要素和外部与之相联系的所有事物的角度，对全要素进行考察分析。全过程：对全要素的过去、现在和发展趋势进行考察分析。

②在高度上下功夫。只有站得高，才能看得全、看得清、看得透。看得全：站位全局，通揽全貌，为全要素、全方位、全角度、全过程考察分析提供条件。看得清：考察事物内部各部分、各要素和外部与之相联系的事物之间的相互关系、相互作用，尽量把所有矛盾分析全、分析透。看得透：坚持两点论和重点论，把握决定事物性质和发展趋势的主要矛盾和矛盾的主要方面。

③在长远上下功夫。着眼长远，把握变化，顺应趋势，掌控过程，才能实现远大目标。看变化：要素和相互之间的关系不是静止不变的，是动态变化的，不仅要看到现状，更要看到相互间的作用导致的变化。看趋势：经过全面考察分析，抓住主要矛盾和矛盾的主要方面，对事物发展趋势做出预判。看过程：任何事物都是一个复杂的系统，环环相扣，每一个要素的细微变化都可能引发事物整体的变动，但这个变化不是一蹴而就的，有一个由量变到质变、波浪式前进、螺旋式上升的过程。我们要做的是，洞察先机，抢抓先机，静待花

开。其中的关键是,一定要保持足够的耐心,也就是要有战略定力。

(4)全面系统思维的树立。拥有了系统思维,并不天然就能够解决好自己面临的实际问题,需要树立四个观念,强化系统思维的运用。

①树立系统观念。这是系统思维的前提。任何事物都是一个有机联系在一起的严密系统,只有自觉、主动以系统观念去认识、考察和分析,才能把握事物全貌,为解决问题提供正确路径。

②树立逻辑观念。这是系统思维的关键。事物内部各部分和要素以及外部与之相关联的事物之间都是相互联系、相互作用,并以一定的规则运行的,具有强大的逻辑性和规律性。再混乱的事物,也都有其内在逻辑,有规律可循。系统思维就是要通过理性分析,找出事物存在和发展的逻辑及其规律,认识规律,把握规律,尊重规律,顺应规律,为解决问题提供正确思路。

③树立整体观念。这是系统思维的核心。系统观念的一个核心观点是整体大于部分之和,就是平时所说的1+1>2,也就是说,系统观念并不强调部分或者要素的个体功能有多强大,强调的是部分或者要素的兼容性、适配性有多强,能否形成一个协调高效运转的有机系统,实现整体效益的最大化。因此,用整体观念来看,如果适配性不够,强强联合并不必然产生最佳效果,优势互补、兼容并蓄才更有利于实现整体效益的最大化。在这一点上,整体观念提醒我们,要特别注意防止过分突出个体功能、导致整体效益受限、受损的问题。

④树立实践观念。这是系统思维的根本。实践是检验真理的唯一标准。无论系统思维多么科学、多么强大,最终必须接受实践的检验。有时候,看似合理的分析判断,却并不符合实际,甚至可能与实际情况背道而驰,不但没有帮助解决问题,反而造成了更大的问题,这在现实中是有可能的,也是正常的,反映出的是个体系统思维能力的局限性和不足。因此,必须要在实践检验中不断锻炼和提升自己的系统思维能力。符合实际、产生正面效果的,要总结经验;发生误差、效果不好的,要及时查找问题,查漏补缺,完善自己的思维体系。

"智定"大学学业规划

制定大学学业规划书。

> 不少人都曾经这样问过自己:
> "人生之路到底该如何去走?"

记得一位哲人这样说过:"走好每一步,这就是你的人生。"是啊,人生之路说长也长,因为它是你一生意义的诠释;人生之路说短也短,因为你生活过的每一天都是你的人生。每个人都在设计自己的人生,都在实现自己的梦想。

对于我们大学生来说,职业生涯目标的设定,是职业生涯规划的核心。一个人事业的成败,很大程度上取决于有无正确适当的目标。没有目标如同驶入大海的孤舟,四野茫茫,没有方向,不知道自己走向何方。

只有树立了目标,才能明确奋斗方向,犹如海洋中的灯塔,引导你避开险礁暗石,走向成功。

实践活动

1. **活动宗旨**

成为自己人生、学习、事业的规划者和耕耘者,设计自己的发展蓝图。为实现自身价值做好准备,创造并抓住机会,从而使自己成功的可能性更大,效果更好。

根据自身情况,结合现有的条件和制约因素,为自己确立整个大学期间的学业目标,并将学业规划分割成几个小模块,在指定的时间内逐一完成,最终实现自己的整个学业规划。

2. **活动时间**

1周

3. **活动主体**

全班同学

4. **活动实施**

(1)确定目标:总体设计自己的学业规划,明确自己的学业目标。

(2)知己知彼:①知己:对自我进行深层次的解剖,了解自己能力的大小,明确自己的优势和劣势。②知彼:选择未来可能的工作方向,确定职业、岗位所需人才综合素养要求。③对自身的长处和短处以及综合素质进行对比分析,弄清个人目标与现状之间的距离。

(3)科学规划:应用科学有效的方法,采取切实可行的步骤,对学业规划进行自上而下的分解,即制订学习计划。不断增强自己的专业竞争力,从而实现学业目标。

大学生学业规划书（参考模板）

一、学业目标

美好愿望：学业有成，能顺利找到工作。
职业方向：企业基层人员。

二、自我认识

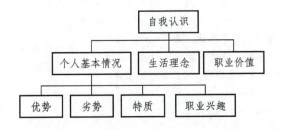

三、职业分析

本专业的就业方向

专业方向	工作情况
制图员	一般也从事一些设计工作，主要是跟着师傅，要天天改图，输图，比较辛苦。但如果学好pro/e或UG，大有可为
设计员	当然也要画图，不过可以学到很多设计知识，有前途
机械维修	现场工作，可以学到不少东西，但需要长年的工作经验
专科/技校的老师	从事专业教育工作，待遇尚可
设备、仪表等方向测试	多在液压、汽车等行业，或安检所等
机械销售代表	需要了解产品知识，要口才了得，会处事

岗位所需能力分析

所需能力的要求	解决方法
判断推理能力、语言表达能力，具有良好的科学文化素质	提高写作能力，学好专业知识。
英文流利，数学基础扎实，掌握计算机程序设计、计算机制图和计算机应用技能	提高英语和电脑水平，利用《英语周报》学英语，学习CAD、C++。
注意力、观察力较强	注意观察事物的细微变化
执行所有重要决定、任务和项目时要有灵活性、深刻性；管理重要文档	多实践
具有系统设计、安装、调试和运行能力，具有制定建筑自动化系统方案的能力，并具有初步的应用研究与开发能力	阅读国内外优秀专业书籍，把理论和实践相结合
具有良好的职业道德，工作积极，责任心强，有热情，思维活跃，认真负责，能吃苦耐劳，能胜任压力下的工作，面对挑战；工作效率高，有团队合作精神	参加集体活动，做事不拖拉，今日事，今日毕

四、目标实施

	目标	实施方案
大一	1. 通过英语等级考试； 2. 加强文化素养； 3. 加强身体锻炼； 4. 参与社会实践	①参与学生组织和各种活动，提升学生工作能力； ②严格要求自己对每一门学科的成绩，严格执行课前预习课后复习制度； ③每日背会30个单词（达到熟练运用），每天做5篇快速阅读，争取高分通过CET-4和CET-6考试； ④每天坚持跑2 400米，俯卧撑做4组每组13个，仰卧起坐20个； ⑤每天读人文社科类书籍50分钟； ⑥积极把握锻炼自己的各种比赛及公益活动； ⑦假期到有关单位实习（可通过招聘网和人才市场）； ⑧拿到驾照

续表

	目标	实施方案
大二	1. 打造优秀的专业课成绩； 2. 加强文化素养； 3. 加强身体锻炼； 4. 参与社会实践	①认真对待专业课学习，争取平均分达到90分以上； ②踏实地跟随辅导老师和调研小组做好每一份作业，严格执行课前预习、课后复习制度； ③高度关注有针对性的大型比赛，慎重选择参加； ④继续每日背会30个单词（达到熟练运用），每天读英语原版书籍杂志1小时，刷新CET-6的考试成绩，不放松英语水平的训练； ⑤做好自己在集体中的本职工作； ⑥每天坚持跑2 400米，俯卧撑做4组每组20个，仰卧起坐30个，蛙跳3组每组30个，学会蝶泳
大三	1. 形成优秀的专业素质和英语水平； 2. 加强文化素养； 3. 加强身体锻炼； 4. 参与岗位实践	①认真对待专业课学习，争取平均分达到90分以上； ②踏实地跟随辅导老师和调研小组做好每一份作业，严格执行课前预习课后复习制度； ③不放松英语水平的训练；做好自己在集体中的本职工作； ④认真准备毕业设计，争取拿到优秀毕业设计。 ⑤每天早晨6：00朗读英语原文1小时； ⑥每天坚持跑2 400米，俯卧撑做4组每组25个，仰卧起坐35个，蛙跳3组每组40个，学会打网球

五、实施路径

短期计划：大学毕业时，要通过计算机国家二级、英语四级，拿到毕业证书。除了将专业课学好之外，平时要注意多学习其他方面的知识。可以适当地去图书馆借一些书学习电脑方面的知识和销售方面的知识。这样可以使自己的知识领域能够扩大一些，也为今后的职业规划做一些必要的准备。

中期计划：大学毕业第五年要做到车间的生产技术总监。在大学毕业时，凭着自己的证书和文凭，进入本市或是其他地方能进的某机械企业，做一名机械技术员工。在该单位里，注重积累自己的工作经验，扩大自己的社交圈，与同事、领导等和谐相处，为职业目标实现打下良好的基础。

六、自我训诫

训言 1	此刻打盹，你将做梦；而此刻学习，你将圆梦。
训言 2	我荒废的今日，正是昨天殒身之人祈求的明日。
训言 3	觉得为时已晚的时候，恰恰是最早的时候。
训言 4	勿将今日之事拖到明日。
训言 5	学习时的痛苦是暂时的，未学到的痛苦是终生的。
训言 6	学习这件事，不是缺乏时间，而是缺乏努力。
训言 7	学习并不是人生的全部。但既然连人生的一部分——学习也无法征服，还能做什么呢？
训言 8	请享受无法回避的痛苦。
训言 9	只有比别人更早、更勤奋地努力，才能尝到成功的滋味。
训言 10	谁也不能随随便便地成功，它来自彻底的自我管理和毅力。
训言 11	时间在流逝。
训言 12	现在流的口水，将成为明天的眼泪。
训言 13	狗一样地学，绅士一样地玩。
训言 14	今天不走，明天要跑。
训言 15	投资未来的人是忠于现实的人。
训言 16	受教育程度代表收入。
训言 17	一天过完，不会再来。
训言 18	即使现在，对手也在不停地翻动书页。
训言 19	没有艰辛，便无所获。
训言 20	幸福或许不排名次，但成功必排名次。

高等职业教育创新型教材

大学生职业素养
（共5册）

册三　锤炼大学生之"体"

吴伟生　李　龙　杨东方　编著

北京理工大学出版社
BEIJING INSTITUTE OF TECHNOLOGY PRESS

版权专有　侵权必究

图书在版编目（CIP）数据

大学生职业素养：共5册 / 吴伟生，李龙，杨东方编著. -- 北京：北京理工大学出版社，2022.10（2024.3重印）

ISBN 978-7-5763-1767-1

Ⅰ.①大… Ⅱ.①吴… ②李… ③杨… Ⅲ.①大学生－职业选择 Ⅳ.① G647.38

中国版本图书馆 CIP 数据核字 (2022) 第 192321 号

出版发行 / 北京理工大学出版社有限责任公司
社　　址 / 北京市海淀区中关村南大街 5 号
邮　　编 / 100081
电　　话 /（010）68914775（总编室）
　　　　　（010）82562903（教材售后服务热线）
　　　　　（010）68944723（其他图书服务热线）
网　　址 / http: // www.bitpress.com.cn
经　　销 / 全国各地新华书店
印　　刷 / 北京虎彩文化传播有限公司
开　　本 / 710 毫米 × 1000 毫米　1/16
印　　张 / 16.75　　　　　　　　　　　　　　　责任编辑 / 李慧智
字　　数 / 224 千字　　　　　　　　　　　　　　文案编辑 / 李慧智
版　　次 / 2022 年 10 月第 1 版　2024 年 3 月第 3 次印刷　责任校对 / 周瑞红
定　　价 / 54.80 元（共 5 册）　　　　　　　　　　责任印制 / 李志强

图书出现印装质量问题，请拨打售后服务热线，本社负责调换

目 录

模块三　锤炼大学生之"体" ………………………………………1
  任务一　树牢体育理念 ………………………………………6
  任务二　涵养体育精神 ………………………………………14
  任务三　掌握体育方法 ………………………………………22
  任务四　追求体育成效 ………………………………………26

模块三

锤炼大学生之"体"

任务一　树牢体育理念

任务二　涵养体育精神

任务三　掌握体育方法

任务四　追求体育成效

1．培育体育兴趣，享受乐趣。
2．发扬体育精神，健全人格。
3．加强体育锻炼，增强体质。
4．参与体育活动，锤炼意志。

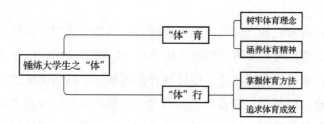

一、体育的概念与沿革

"体育"一词，其英文是 physical education，指的是以身体活动为手段的教育，直译为身体的教育，简称为体育。随着国际交往的扩大，体育事业发展的规模和水平已成为衡量一个国家社会发展进步的一项重要标志，也成为国家间外交及文化交流的重要手段。

体育是人类社会发展中，根据生产和生活的需要，遵循人体身心的发展规律，以身体练习为基本手段，达到增强体质，提高运动技术水平，进行思想品德教育，丰富社会文化生活而进行的一种有目的、有意识、有组织的社会活动，是伴随人类社会的发展而逐步建立和发展起来的一个专门的科学领域。体育的概念有广义和狭义之分。

广义的体育（亦称"体育运动"）是指以身体练习为基本手段，以增强人的体质，促进人的全面发展，丰富社会文化生活和促进精神文明为目的的一种有意识、有组织的社会活动。它是社会总文化的一部分，其发展受一定的社会政治和经济的制约，并为一定的社会政治和经济服务。

狭义的体育（亦称"体育教育"）由学校体育、竞技体育、康乐体育三个方面组成。它是一个发展身体，增强体质，传授锻炼身体的知识、技能，培养道德和意志品质的教育过程，是对人体进行培育和塑造的过程，是教育的重要组成部分，是培养全面发展的人的一个重要方面。

二、体育的认识与意义

体育是社会发展和人类进步的重要标志，也是综合国力和社会文明程度的重要体现。学校体育是实现立德树人根本任务、提升大学生综合素质的基础性工程，是加快推进教育现代化、建设教育强国和体育强国的重要工作，对于弘扬社会主义核心价值观，培养学生爱国主义、集体主义、社会主义精神和奋发向上、顽强拼搏的意志品质，实现以体育智、以体育心具有独特功能。蔡元培先生曾提出："完全人格，首在体育。"很多企业"招不到合适的人选"，这与学生的职业素养难以满足企业的要求有关。企业已经把职业素养作为对人进行评价的重要指标。良好的职业素养是企业必需的，是个人事业成功的基础，是大学生进入企业的"金钥匙"。比如，成都某公司在招聘新人时，要综合考察毕业生的5个方面：专业素质、职业素养、协作能力、心理素质和身体素质。其中，身体素质是最基本的，好身体是工作的物质基础；职业素养、协作能力和心理素质是最重要和必需的，而专业素质则是锦上添花的。作为新时代的大学生，既要学习科学文化，也要加强体育锻炼，增强体质、健全身心，保持阳光向上的状态，用健康的体魄让大学生涯更加充满青春活力和蓬勃朝气。

在学习任务如此繁重的大学生时代，是不是还得把时间放到体育锻炼上？

观点一：学校体育是实现立德树人根本任务、提升学生综合素质的基础性工程，是加快推进教育现代化、建设教育强国和体育强国的重要工作，对于弘扬社会主义核心价值观，培养学生爱国主义、集体主义、社会主义精神和奋发向上、顽强拼搏的意志品质，实现以体育智、以体育心具有独特功能。

观点二：体育运动可以培养健康行为，促使良好的生活习惯的养成，防止疾病的发生。体育运动的健身功能主要表现在改善心理环境和增强心理健康。身体运动可使本体产生舒适和愉快感，这对调节和消除不良情绪和心理很有益处。

你的观点：_____
_____
_____

请在课前查阅相关资料或者或根据自己的理解，用简要的语言对资料内容进行概括，并形成自己的观点准备课堂发言。

树牢体育理念

学习目标

1. 树立正确健康观。
2. 提高身体综合素质。

思维导图

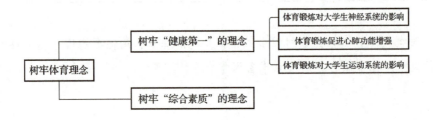

主题讨论

高校学树牢体育理念的意义?

观点一:体育既是国家强盛应有之义,也是个人幸福生活之基;既是促进经济社会发展的重要动力,也是展示国家文化软实力的平台窗口。新征程上,继续推动全民健身纵深发展,就要更好认识全民健身承载的价值和意义——于个人,健身是最实惠的健康投资;于社会,全民健身是最普惠的公共服务;于国家，全民健身可以提高全民族的健康水平，促进社会文明进步，带动人的全面发展。全面健身运动的普及是一个国家现代化程度的重要标志。

观点二：树牢体育理念，放眼全国，蓬勃火热的全民健身运动不仅让百姓收获了更健康的身心，还成为人们提振精气神的一剂良方；运动带来的快乐、自信、开放蕴藏着磅礴正能量，为民族复兴注入新的精神活力和发展动能。在实现共同富裕路上，我们要树牢大体育、大健康的观念，提升全民健康素养，继续以务实举措推动全民健身和全民健康深度融合。我们相信，在各方共同努力下，全民健身定会蔚然成风，成为深入人心的社会风尚。

你的观点：_____
_____

请在课前查阅相关资料或者或根据自己的理解，用简要的语言对资料内容进行概括，并形成自己的观点准备课堂发言。

青年兴则国兴，青年强则国强。大学体育关乎大学生身心健康成长，在育人方面具有重要意义和独特作用，是高校学科体系、课程体系、实践体系、育人体系中不可或缺的重要组成部分。要深刻认识到体育的重大意义和积极作用，使坚持体育锻炼成为大学生培养积极人生态度的内在动力。

一、树牢"健康第一"的理念

法国著名思想家伏尔泰有这样一句名言："生命在于运动。"大学阶段不仅是培养专业技能的黄金时段，更是塑造青年精神气质最重要的阶段，大学生的体育和实践是实施健康中国战略的关键环节。随着社会发展和城市化进程推进，在人们的物质生活条件日益改善的同时，脑力劳动增加、体力劳动减少，为数不多的户外活动也大量使用私家车、电动车等代步工具，身体活动的频率和强度都在明显减少，容易导致肥胖率增加和身体素质减弱。在互联网时代背景下，各个年龄层的人工作、生活、娱乐、休闲都严重依赖手机和网络，部分青年学生沉迷于网络游戏和网络交友，久坐不动以及视力下降的现象非常普遍。1985年以来，国家先后组织7次全国学生体质与健康调研，2021年9月，教育部召开发布会介绍第八次全国学生体质与健康调研有关情况。据悉，自 2014 年教育部颁布实施《国家学生体质健康标准》以来，我国学生体质健康达标优良率总体呈上升趋势，13~22 岁年龄段学生优良率从 2014 年的 14.8% 上升到 2019 年的 17.7%，但 19~22 岁大学生年龄段体质健康达标优良率只上升了 0.2 个百分点。当前学生体质与健康总体呈现好转，但由于电子产品等社会因素影响，青少年的近视、肥胖等问题依然严峻。没有扎实的根基，万丈高楼无从崛起；没有强健的体魄，平生之志只能成为海市蜃楼，可望而不可即。健康的身体需要运动来保证，而人生最大的财富正是健康。所以，要想拥有这笔财富，最佳的方法就是加强体育锻炼，让运动成为习惯。

（一）体育锻炼对大学生身体健康的作用

1. 体育锻炼对大学生神经系统的影响

（1）体育锻炼可以改善大学生的脑部供血状况，提高大学生大脑皮质神经细胞的耐受性。大学生长时间看书学习，会致使大脑皮质细胞长时间处于兴奋状态而产生疲劳，造成学习效率下降，产生注意力不易集中、精神恍惚等神经性反应。参加体育锻炼，有利于大学生全身血液循环加快，能增加参与者脑细胞中的血流量，脑部的供血得到改善，大脑神经中枢细胞能够获得更多的营养物质和氧气，同时脑部产生的代谢产物能够快速地排出体外。因此，长时间参加体育锻炼的大学生，大脑中枢神经细胞的调节能力、脑细胞的工作耐受能力以及工作学习的效率等都要明显优于不参加活动的大学生。

（2）体育锻炼对大学生神经系统的反应能力和灵活性等有所改善。体育运动比日常生产生活等身体活动复杂得多，要求中枢神经系统能快速调节和动员参与体育运动的各器官和系统，满足体育运动中肌肉长时间活动的需要。经常长时间参加体育锻炼可以使神经系统对全身各系统的迅速调节能力得到改善，反应速度及灵活性提高，使大学生在活动中动作灵敏、协调、准确。

（3）体育锻炼可以提高大学生对外界环境的适应能力和对疾病的抵抗能力。由于经常在自然环境条件下进行体育运动，各种地理、气候条件对神经系统的锻炼和影响是巨大的。长期参加体育运动的大学生，对外界自然环境和条件的适应能力及对疾病的抵抗能力要比一般人强。

2. 体育锻炼促进心肺功能增强

人体凭借心脏推动的血液循环与外界进行物质交换，人体的呼吸则保证了物质交换的不断进行。可见，心肺功能是人体生存的最重要的生理功能。长期参加体育锻炼的大学生，心脏搏动能力明显强于不经常参加体育活动的大学生；经常参加体育锻炼的大学生的肺活量，肺换气量比一般学生要强。经常性长时间的体育锻炼有利于增加大学生呼吸肌力量，增强胸廓活动能力，改善肺泡的弹性等。

3. 体育锻炼对大学生运动系统的影响

人体运动是靠运动系统实现的，运动系统由肌肉、骨骼、关节组成。骨骼是人体的支架，关节是连接骨与骨之间的枢纽，肌肉附着在骨骼上，在神经的支配下，通过交替收缩和放松使关节屈伸、展收、旋转，完成各种动作。运动系统机能的高低决定着人体活动的质量。长期参加体育锻炼的大学生，可改善肌肉中的血液供应情况，促进结构机能的良好变化；强化骨的结构，提高骨的性能；增强关节的牢固性，提高关节的柔韧性和灵活性。因此，利用体育锻炼对大学生运动系统所产生的良好作用，在现代青年人的生活中被作为健美的手段。

二、树牢"综合素质"的理念

> **名人语录**
>
> 体育于吾人实占第一之位置，体强壮而后学问道德之进修勇而收效远。
>
> 体者，载知识之车寓道德之舍。
>
> ——毛泽东

毛泽东同志曾指出体育与德育、智育密不可分的关系，他认为体育对于我们[1]，"实占第一之位置，体强壮而后学问道德之进修勇而收效远"，身体是"载知识之车而寓道德之舍"，因而他赞同"文明其精神，野蛮其体魄"的主

---

[1] 选自：《体育之研究》，原载1917年4月1日《新青年》第三卷第二号。

张。大学生在校期间坚持体育锻炼，不仅能够弥补社会生活中普遍的体力活动减少所带来的体质弱化，更能通过运动实践来锻炼意志、增进社交和友谊、提高生活幸福感。近代有研究表明，运动可以促进神经元的增生、让大脑的神经网络更丰富，由此增强记忆力、提高学习效率。同时由于运动能促进分泌多巴胺，爱运动的人能更快摆脱抑郁和压力等负面情绪的影响。2014年，共青团中央、教育部、国家体育总局、全国学联决定在全国高校范围内全面启动和广泛开展大学生"走下网络、走出宿舍、走向操场"主题群众性课外体育锻炼活动，大力倡导"每天锻炼一小时，健康工作五十年，幸福生活一辈子"的理念，形成了主题性群众体育品牌。党的十九大做出建设健康中国重大战略部署，《"健康中国2030"规划纲要》[①]提出国家学生体质健康标准达标优秀率25%以上的量化目标，充分说明国家对增强学生体质、实现健康中国的决心。在读期间多数大学生除了有专业学习的繁重压力，还面临着思想品德修养、实践能力培养、人际交往拓展、心理健康保持等多重任务，而体育运动不仅有利于身体健康、大脑发育，还有利于心理健康。因此体育并不是一门孤立的学科，大学生要从宏观上树立起"综合素质"的大体育整体观，认识到体育事业与文化、科技、经济、社会等方方面面的密切联系，将体育和学校的思政课程、学科训练、实践培育、职业发展等多方面融合，让学生通过体育锻炼增强体质、健全人格、锤炼意志、收获乐趣，以促进人的全面发展。

习近平总书记始终关心人民健康，高度重视体育事业发展，他强调："体育是提高人民健康水平的重要途径，是满足人民群众对美好生活向往、促进人的全面发展的重要手段，是促进经济社会发展的重要动力，是展示国家文化软实力的重要平台。"[②] 建成体育强国，是党的十九届五中全会提出的到2035年基本实现社会主义现代化的远景目标之一。体育强国科学理念的彰显，建设体育强国宏伟目标的确立，为大学体育教育教学健康科学发展，进而充分发挥在建设体育强国中的重要作用奠定了坚实的思想基础，明确了正确发展方向和实践着力点。

[①] 选自：中共中央国务院主编《"健康中国2030"规划纲要》，人民出版社2016年版。

[②] 选自：《习近平：把思想政治工作贯穿教育教学全过程 开创我国高等教育事业发展新局面》，《人民日报》2016年12月9日01版。

【相关链接】

西南联大的体育基因

已故翻译泰斗许渊冲的《西南联大求学日记》是唯一公开发表的西南联大学生日记。彼时，许渊冲尚不到20岁，日记内容大多是上课考试、读书思考、师生往来、交友恋爱等学生日常，算不上宏大叙事，然而从中亦可管窥中国传奇名校的教学风貌和历史魅力。

朱自清、闻一多、冯友兰、钱钟书、杨振宁等大师的风采就不说了，单是西南联大蓬勃的体育之风，便让人心生向往。

1939年1月，许渊冲新生报到第一天，便在日记中写道："靠左的大教室里有一张绿色的乒乓球台，大楼对面是一个大足球场，场上正在比赛足球，周围的看台上坐满了观众，啦啦队打着拍子，齐声鼓掌叫好，我觉得秩序井然，胜过了在南昌看到的比赛。"

当时，西南联大租用的是昆华农业专科学校的校舍。由此可知，80多年前的大学已有较好的体育设施，且有竞赛活动，甚至还有"啦啦队打着拍子"……

许渊冲提到，大一课程除了三门必修课之外，还有全校共同必修课，那就是体育和军训。"大一体育在农校大足球场上，第一次来上课的是久闻大名的马约翰教授。他满头银发，无论冬夏，都只穿一件衬衫，一条灯笼裤，满口英语，不称呼我们为同学，而叫我们作young man（年轻人）。每次上课，先要大家绕场跑800米，他第一次还不顾高龄，陪着我们同跑。在他亲身榜样的鼓舞下，哪个同学能不尽力跑800米呢！"

由此可知，80多年前的西南联大，体育课还得跑800米，一点也不"温柔"。不只是要跑，还要赛——许渊冲在日记里，就得意扬扬地写了自己在体育课上勇夺800米冠军的策略——"先跑第二，紧跟第一，到了最后冲刺时，再拿出全力超越"。

许渊冲还提到一个非常著名的体育老师黄中孚。他是清华大学1933年毕业生，讲话很有趣味，一会儿说中文，一会儿说英文，"大有马约翰学生的风度"。他教学生体操,许渊冲虽然感觉很累,但还是"觉得很有劲"。黄中孚老师一句话让许渊冲印象深刻,"如果你自己不教育自己,别人是无法教育你的"。

学习之余,许渊冲同学的体育生活非常丰富:去海埂游泳,在大观园划船,到云南大学打网球,和同学们打桥牌……日记显示,西南联大的体育课不只有跑步、足球、篮球、体操,甚至还有排球、手球、垒球、跳绳课。学生们在体育课之外,还可以去学生公社里打乒乓球、玩弹子、下象棋、走五子棋。

学校赛事也是相当繁多,除了全校五四运动会、全校乒乓球赛,还有学院之间的比赛、校舍之间的比赛,甚至还有教职工和学生联队的比赛。

比赛总有输赢,许渊冲日记对此也有记叙:胜利时的窃喜、输球时的沮丧,甚至还有因输赢和同学起争执,然后重归于好。这些本来都是体育的一部分,也是体育"自我教育"功效题中应有之义。

在战火纷飞的年代,西南联大体育之风仍然兴盛。看似突兀,但想想清华大学此前已经实行多年的强制体育制度,对此似乎也不应大惊小怪。

在1940年1月22日的日记里,许渊冲写道:"听说吴宓先生体育考试曾不及格,出国留学推迟一年。"他说的这桩陈年往事,既可为清华强制体育的佐证,也能从一个侧面反映,清华体育之风对于西南联大的影响。

现代大学生作为中国特色社会主义事业的接班人和建设者,其体育素养状况直接关涉到建设体育强国这一奋斗目标的实现。近年来,随着高校体育教学改革的深化和大学生体育活动意识的增强,大学生体育素养状况有了明显的改善,但仍然存在着大学生自身的体育素养参差不齐、体育素养培养的内容有待完善、体育素养培养的方式方法有待改进等问题。作为新时代体育强国一分子,大学生理应积极参与,以奋斗有我之姿参与筑梦、逐梦,进而助梦、铸梦,为体育强国梦奉献自己的力量。

【相关链接】

在广州的暨南大学,近3 000名学生为了体验田径运动员苏炳添的分享课报名抽签;而苏炳添在暨南大学校庆时一句"凭借自己的努力让母校成为全国唯一一所'983'大学(苏炳添在东京奥运会上跑出9秒83的成绩)"更是全网刷屏。

在湖南的高校中,有一项号称"大学四年一定要体验一次"的活动,是在两天内徒步行走近100公里。每一次的活动中,都能看到有人一瘸一拐,有人互相搀扶,更有人一边走一边抹眼泪。但通过终点后,每个人都笑得很开心,甚至不少人会说"下次再来"。

体育课是学生在校学习的一项非常重要的课程,体育锻炼不仅能够增强人的体魄,还能够磨砺人的意志,通过运动的比拼,可以不断增强学生的抗压受挫能力,让学生更好地全面健康成长。体育运动是伴随人一生的好习惯,能够让人终身受益。

任务二 涵养体育精神

学习目标

1. 养成坚定不移、顽强拼搏的习惯。
2. 养成团结合作、协同作战的习惯。
3. 养成积极向上、争创一流的习惯。

思维导图

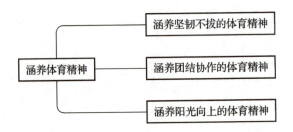

主题讨论

体育培养荣誉感、认同感,在民族意识愈见增强的大学生群体中,体育教育是否能够增强大学生的"民族自信"?

观点一:众所周知,体育运动要求人们要直接参与到体育锻炼中,在良好氛围中承受一定的身体负荷,以此促进体质发展和机能增强。民族传统体育也不例外。健身是民族传统体育的本质功能,因为体育的本质就是强身健体。民族传统体育在产生初期,并非以健身为主要目的。当民族传统体育从生产劳动、军事活动中产生后,随着社会生产力的不断发展,当劳动或战斗对体力或体能提出要求的时候,健身渐渐成为人们的自觉追求。有许多民族传统体育项目在历史发展中,并非作为一种健身或体育项目存在,有些是一种娱乐方式。但随着社会的进步与发展,人们对健身越来越重视,自然,这些具有鲜明民族特色和文化底蕴的传统体育项目便成为人们健身的首选。其中,尤其以武术中的太极拳最具代表性,除此之外,目前很多的民族传统体育项目已经成为全民健身中的生力军,如抖空竹、花毽等。在高校体育中融入民族传统体育项目,一方面可以充实体育教学内容,另一方面也能促使学生受益于传统文化,在民族传统体育项目中发展身体素质,感受到体育活动的趣味性,从而建立起终身体育意识。

观点二:人们在满足生存、生活和发展的基本要求之后,开始在余暇时光参与体育活动,使得人精神饱满,情绪愉快,从而获取精神文化方面的满足。民族传统体育项目由于具有丰富的民族文化特征而具有强烈的娱乐性,而娱乐性也是民族传统体育项目不断丰富和发展的动力源泉。在过去相当长的一段时期内,甚至在目前较为偏远又相对封闭的少数民族那里,民族传统体育项目是他们主要的休闲娱乐方式。正是因为民族传统体育项目趣味性和娱乐性的特点才使得它更具吸引力,而作为最具民族特色的民族传统体育项目则更为完整地保留了消遣和娱乐的游戏形式,加上其丰富多彩的内容,越来越受到社会的广泛关注并日益普及。娱乐赋予了民族传统体育生动活泼的生命力,因此,娱乐功能也是民族传统体育的重要功能之一。正是因为民族传统体育项目具有娱乐性,这正好符合大学生的娱乐心理。当今大学生活泼好动,对娱乐生活青睐有加。再加上新媒体的迅猛发展,给大学生呈现了五光十色的虚拟世界,很多大学生沉迷于网络世界而不能自拔,进而忽视身体锻炼,损害身心健康。高校引导大学生参加民族传统体育项目锻炼,可以使大学生感受到这些项目的娱乐性与趣味性,进而回归现实世界,积极投身到体育运动中。高校可以为大学生组织多样化的民族传统体育项目,比如太极拳、打陀螺、五禽戏、八段锦等,这些体育项目不仅可以健身健心,还具有深厚的文化内涵,引导大学生参与其中,可以使他们受到传统文化的熏陶,并逐渐树立起健康的娱乐方式。整个校园也将洋溢着活泼的体育氛围,使学校风貌变得积极向上。

你的观点：_____
_____

请在课前查阅相关资料或者或根据自己的理解，用简要的语言对资料内容进行概括，并形成自己的观点准备课堂发言。

2020年9月8日，习近平总书记在全国抗击新冠肺炎疫情表彰大会上指出，人无精神则不立，国无精神则不强。唯有精神上站得住、站得稳，一个民族才能在历史洪流中屹立不倒、挺立潮头。体育竞技，有着在特定场合下激发人类潜能，突破人体极限的生物学意义，同时还展现了人体形体曲线的运动之美。但体育竞技为全世界民众所关注、所热爱的最重要原因，就是体育竞技所蕴含着的能够激励、激发、感召人们的体育精神。习近平总书记指出，广大体育工作者在长期实践中总结出的以"为国争光、无私奉献、科学求实、遵纪守法、团结协作、顽强拼搏"为主要内容的中华体育精神来之不易，弥足珍贵，要继承创新、发扬光大。大力弘扬中华体育精神，充分发挥其提高民族自信心、增强民族凝聚力、振奋民族精神的重要作用，必将为实现第二个百年奋斗目标、实现中华民族伟大复兴的中国梦注入源源不断的活力。

> **名人语录**
>
> 体育可以带给人勇气、坚持、自信心、进取心和决心，培养人的社会品质——公正、忠实、自由。
>
> ——马约翰

一、涵养坚韧不拔的体育精神

中华民族的奋斗精神造就了中国体育不怕挫折、勇于拼搏、敢于胜利的优良传统。中国人的奋斗既有个人的奋斗，更是集体主义的奋斗。在各大赛事上，我们不仅能看到体育老将们在赛场上拼尽全力，也能看到年轻小将们大放光彩。胜利最终属于信念执着、不言放弃、勇于超越的顽强拼搏者。正是因为能够自强不息，敢于顽强拼搏、超越自我，我们才取得了一个又一个胜利，在各项赛事上大放异彩，弘扬了奥林匹克精神，弘扬了中华体育精神。近些年来，观众所喜爱的运动员已不仅仅是金牌的获得者，那些在赛场中奋力拼搏、永不服输的运动员们，也得到了很多观众的认可和喜欢。东京奥运会上，产后复出的竞走天后刘虹；2008年北京奥运会，与美国男篮"梦八队"顽强交战的中国男篮；当然，还包括带给中国观众惊喜的亚洲飞人苏炳添……在他们身上，我们都能看到一股坚韧不拔的劲头。习近平总书记曾深情表示，每当看到我国体育健儿在重大国际赛事上顽强拼搏、勇创佳绩、为国争光时，我从心里面为大家喝彩[1]。新时代的中国，更需要使命在肩、奋斗有我的精神。可以说，正是一代又一代中国运动健儿永不服输的精神，中国才能从体育大国走向体育强国，并不断通过体育改革，继续保持传统优势项目世界水平，努力在非优势项目上取得惊人突破。医学界曾一度认定，百米10秒是人类速度的极限，因为这就是人类肌肉纤维能够承受的极限。但在今天，在百米项目上长期处于劣势的亚洲运动员都跑进了10秒，这不正是坚韧不拔的体育精神的最好体现吗？人体极限没有绝对上限，在科学方法的支持下，突破极限靠的就是运动员的意志。坚韧的品质不是与生俱来的，不弃微末、不舍寸功，有滴水穿石的坚持和耐心，才能培养韧性。古人言：人须在事上磨，方立得住。要想成就一番事业，唯有多锤炼、多摔打，能吃苦、肯拼搏，脚踏实地、一步一个脚印前行。作为新时代的大学，要涵养坚韧不拔的体育精神，把简单的事情做细，将重复的事情做精，守正创新、追求卓越，不断激发热情、超越自我，努力在熟悉的工作中把握规律、日有所进，才能在平凡岗位上书写不凡的业绩。

【相关链接】

中国近代著名体育教育家马约翰早在1925年赴美学习的硕士论文《体育的迁移价值》中就系统讨论了体育对德智体的教育功能，并论证了运动能够提高人的智商和情商。

---

[1] 选自：《习近平给北体研究生冠军班回信：为建设体育强国多作贡献》，《人民日报》2019年6月19日01版。

这一点，在各行各业的名人身上都能得到印证。

01　医学界的战神：钟南山

大家都知道"国士"钟南山是一位体育健将，因为他年轻求学时在首届全运会上四百米栏破了全国纪录，大学期间还在体育和医学专业之间抉择了一番。虽然他最终选择了医学的职业，但体育成了相伴他业余时间的终生爱好。

大家可能并不知道，2003年非典战役之后，钟院士就非常关注青少年体质健康发展。

他看到了中国学生体质连续20年下滑的问题，在2006年联合14位专家上书国家主席，促成了2007年的中央7号文件，即《中共中央国务院关于加强青少年体育增强青少年体质的意见》。这个改革开放以来最高级别的青少年体育文件，对中国后来十多年的学生体育推广产生了深远影响。

如今，钟老年过八旬依然坚持锻炼，保持着充沛的体力，为后辈们做出了一个优秀表率。他工作日程表总是排得很满，晚辈们心疼他，他却反问年轻人："你们觉得我老了吗？"

其实在钟老心里，他依然宝刀未老，心态更是年轻。即使面对"90后"大学生，他也能淡定地说："我比你们稍微大一点，你们'90后'，我'80后'。"

钟老每周锻炼3次以上，每次约一小时，会分项锻炼下肢、上肢和腹肌。他介绍自己的锻炼心得是：坚持运动意味着好的生活质量，最大的成功就是健康地活着。

从钟老身上，我们也看到：热爱体育运动的人不仅有硬朗的身体和矍铄的精神，还具有单纯耿直的个性和对生活的热爱。当他们觉得一件事值得去做，就不会有太多顾虑，而是勇于迎接挑战，并全力以赴。

02 美声界的战斗机：廖昌永

中国美声界也有一位热爱体育的神级人物：廖昌永。

他是内地知名男中音歌唱家，还在美声综艺节目《声入人心》做专业评委。他打破了音乐家不苟言笑的刻板形象，喜欢跟学员开开玩笑来个恶作剧，每次得逞时还笑得很爽朗。他因此而吸了一波粉，还被扒出了一段"黑历史"视频，让大家对这位声乐大师更加刮目相看！2019年7月14日的《天天向上》节目中，廖老师作为嘉宾参加，主持人再次提到这段视频。还没播放，观众们已经在有节奏地呼喊着："泳动，泳动！"

原来，廖老师曾经演唱过一首歌《伟大的瞬间·泳动》，是在2011年上海世界游泳锦标赛的开幕式文艺演出中。廖老师在演出中完成了一个极大胆的创意：唱完一段歌曲脱下演出服，从泳池游到对岸，再登台继续唱完歌曲。

看到这段视频回放，廖老师自己也忍不住大笑。他说："在开幕式的舞台上既游泳又唱歌，全世界的歌唱家当中我可能是第一个吧。"

廖老师生长在四川岷江边，可以说是在河水里泡着长大的。但演唱《泳动》仍是个挑战，因为面对诸多游泳高手，廖老师想争取呈现"健美"泳姿。

为了这个目标，他特意拜游泳名将为师认真学习，没想到他的表演令国际泳联官员都赞不绝口。廖昌永希望他的这次表演能让观众走出对歌唱家的误区，证明歌唱家不必"端着"，而且也能具备优良体育素养。当然，他更希望带动大家投身游泳运动。

说起体育渊源，廖老师提到中学时期他原本准备考体育学院，因为他在全县中学生运动会是标枪第一名。一边说着，一边就忍不住现场示范了一个投掷标枪的动作，然后自豪地补充一句：铅球第三名，接力跑第二名。如今他老当益壮，平时下泳池都能匀速游一个小时不停，每周尽量保证游一次，平时还坚持晨跑。

音乐演唱家如何得益于体育锻炼？

> 廖老师的心得是：所有的体育健将，节奏感都特别好，唱歌都唱得好。当然，还有两大优势也很明显：体育爱好者充足的肺活量和乐观豁达的人生态度，都是歌唱家们梦寐以求的。

二、涵养团结协作的体育精神

体育运动中最不可或缺的是团结协作精神。团结协作是一种能力，一种智慧，一种艺术。1895年，在学校举行的一次户外运动会上，迪东鼓励学生说："在这里，你们的口号是：更快、更高、更强！"后来，顾拜旦将这句话用于奥林匹克运动，在1913年，国际奥委会正式批准将此格言写入《奥林匹克宪章》。2021年，在日本东京召开的国际奥委会第138次全会上，正式通过了将"更团结"（together）加入奥林匹克格言的决议中——那句世人耳熟能详了百年的奥林匹克格言，自此变为"更快、更高、更强、更团结"。加入了"团结"二字，则更加凸显了奥林匹克运动的更高精神追求——"团结精神"。哪怕是单项体育运动的竞争，显然都是"团结"之下得到的结果——从平时的家庭教育，到社会性的集体训练，都离不开家庭、运动员、教练员、科研人员、后勤人员，以及企业、国家、社会等机构的合作与配合，所以说，无论哪个运动项目，都离不开协作、团结之精神。更不用说是集体运动项目了，像双人项目、多人项目，"配合与团结"，更是运动自身的职业的特点，也是其精神属性的必然结果。中国女排成为世界排球历史上第一支"五连冠"球队，2004年雅典奥运会的惊天逆转、2016年里约奥运会的绝地翻盘……从1981年到2021年，40年间，中国女排获得10次世界冠军，中国女排一次次将"不可能"变成现实。回首中国女排夺冠的传奇故事，正是因为团结协作精神，能够让她们各自发挥特长，成为团队不可缺少的重要组成部分，成为女排夺冠的强大支撑。团结打造坚强集体，协作凝聚伟大力量。面对毕业就业等各种难题，大学生更需要涵养团结协作的体育精神，像中国女排一样心往一处想、劲往一处使，抱团拼搏、握拳出击，勇往直前、无坚不摧，不断开创新征程路上的万千气象。

三、涵养阳光向上的体育精神

体育精神不仅仅是在赛场上影响我们，同时也会深深地影响到我们的生活，激励我们在面对生活挫折时同样不放弃，敢于面对，所以体育给人带来了很大的影响。北京第二十四届冬季奥林匹克运动会于2022年2月20日晚圆满落下帷幕。高效防疫措施、科技办奥理念、志愿者的热情周到以及赛会中的团结友爱故事给多国参赛运动员、官员和专家学者留下了深刻印象。他们纷纷表示，北京冬奥会展现出非凡的体育精神，凝聚起团结友爱的力量，向世界传递了充满希望的信息。因被开幕式电视转播捕捉到调皮而迷人的眨眼睛表情，波黑雪橇选手米尔扎·尼古拉耶夫（Mirza NIKOLAJEV）成了"网红"，他说，尽管本届冬奥会上自己无缘奖牌，但收获了满满的美好记忆。"在奥运村，无论何时，我遇到的每个工作人员都是微笑着的，让我感到如在家中！"土耳其短道速滑运动员富尔坎·阿卡尔（Furkan AKAR）说："我在北京很开心，奥运村很有趣，我喜欢奥运村里的食物。"阿卡尔的教练加利上耶夫说，这里的工作人员非常乐于助人，奥运村里的一切都是一流的、优秀的。土耳其国家奥委会体育总监埃尔德姆·多安说，北京冬奥会防疫措施非常科学，保证了运动员在安全环境下进行训练和比赛。无论是在赛场还是在生活区，中国都设置了先进装备，这是一届科技感十足的奥运会。多安还称赞赛会志愿者热情专业，"这里的志愿者无与伦比"。36岁的罗马尼亚老将拉卢卡·斯特拉马图拉鲁（Raluca STRAMATURARU）参加了北京冬奥会雪橇团体项目比赛。他说："北京冬奥会是我参加过的最棒的一届。"阿根廷北京冬奥会代表团团长马丁·贝吉诺（Martín Begino）表示，从北京冬奥会完备的基础设施可以看出，中国高度重视本届冬奥会的筹备组织，赛事组织有序，组委会能够耐心倾听不同代表团的意见反馈并及时解决问题。

人在一生中，很少有一帆风顺、一马平川的。大学生无论在人生道路上遇到多大困难、受到多大委屈，都要深刻领会体育精神的内涵，用阳光心态看待周围一切，正面看待社会、看待周围的人和事，乐观对待生活，多记忆、多品味人际关系中的美好时光，多欣赏、多体验同事朋友身上的美好品质。长期坚持这样做，就会习惯用美丽的眼光观察美好时代、发现美好环境、展望美好人生。

任务三 掌握体育方法

学习目标

1. 通过专业方法,提高体育有效性。
2. 通过系统方法,提高体育全面性。
3. 通过常态方法,提高体育长期性。

思维导图

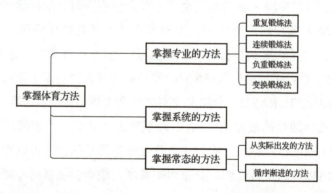

主题讨论

大学生通常在体育课上进行基本的体育锻炼,除此之外,还需掌握哪些体育知识呢?

观点一:大部分大学生对体育功能的认知大多停留在强身健体、减肥等方面,对体育在缓解压力、人际交往以及政治、经济、文化等方面的重要价值并没有很好的认知。在体育及运动损伤方面的知识中，大学生掌握程度明显偏低。在一次对大学生运动健身中脚踝扭伤的正确处理方法的调查中，仍旧有5%的学生选择了用热水敷的错误方法，这表明基础的运动损伤处理措施并没有完全在大学生中进行普及。同时，具体运动项目的技能掌握、制定科学训练方案的能力等方面也需要得到培养。

观点二：高职院校体育教学活动开展的核心目的并非仅仅是为了提升学生的身体素质，事实上，培育学生的奋斗精神和不服输精神也属于高职体育教学开展的目的，只有在大量的实践学习中学生的体育技能才能得到巩固。与此同时，在实践学习过程中，学生会涵养情操、塑造精神，这是体育教育的最终目的。

你的观点：_____
_____
_____

请在课前查阅相关资料或者或根据自己的理解，用简要的语言对资料内容进行概括，并形成自己的观点准备课堂发言。

你想要有一副强劲的体魄，体育锻炼是最好的方法，但是盲目的锻炼不仅不能起到效果，反而可能造成损伤，所以体育锻炼还要掌握正确的方法，从而达到体育锻炼的目的。

1. 掌握专业的方法

生命在于运动，健康的体魄是幸福生活的基石，然而体育锻炼也要注意方式方法，体育锻炼中一定要提前热身，及时地补充水分，避免空腹运动等都是我们要注意的要点。

（1）重复锻炼法。重复锻炼法就是指锻炼者根据自身的需要，在相对固定的条件下进行重复练习的方法。重复锻炼法的主要作用是提高心血管和呼吸系统的机能以及提高人体的耐力，所以一般中老年人就比较适合重复锻炼法。具体的例子，比如：你想跑个2 000米，可以先匀速跑个1 000米，休息一会儿，再匀速跑剩下的1 000米。这样你就即可以承受较大的负荷量，又不会太累。

（2）连续锻炼法。连续锻炼法是比较需要毅力的，如果你不能坚持，那么连续锻炼法的效果并不会很好。连续锻炼法是保持不间断的连续运动的有效锻炼法。连续锻炼法的负荷强度较低，负荷时间长，无间断。在生活中，我们所熟悉的连续锻炼法的运动有跑步、游泳、跳舞等。

（3）负重锻炼法。负重锻炼法就是使用一些重物来进行辅助锻炼的方法。其实，负重锻炼法不仅适合于运动员，也适合普通人用来增强体质。但一般人一定要注意强度，不要超负荷运动。

（4）变换锻炼法。顾名思义，变换锻炼法就是不断变换运动强度、内容、形式，来提高你运动的兴趣和兴奋性。比如长跑时，经常围着操场跑会出现厌烦无聊的情绪，那么你就可以用越野跑来代替。

2. 掌握系统的方法

锻炼身体要有连续性和系统性，只有经常参加体育锻炼，安排适合自己兴趣、爱好的运动项目，科学地制订健身计划，才能不断有效地增强体质。科学实验表明：不经常参加体育锻炼或中断体育锻炼的人，会使原有身体机能、素质和运动技术水平明显下降。中断体育锻炼的时间越长，人的身体素质下降得就越明显。掌握一项运动技术也需要持之以恒。人的大脑中有大量神经突触，必须通过固定形式的重复练习对这些突触连续进行某种刺激，才能在大脑中形成一整套固定形式的反应，即动力定型。动力定型建立后，运动者就能习惯性地、熟练地完成一整套练习。如果不能坚持练习，已形成的条件反射就会因不能及时得到强化而慢慢消退，动作记忆就不牢固。

3. 掌握常态的方法

（1）从实际出发的方法。体育锻炼首先要坚持从实际出发的原则，是指锻炼身体应从个人的实际情况和外界环境条件的实际出发，确定锻炼目的、选择适宜的运动项目、合理地安排运动时间和运动负荷。这是增强身体素质及提高运动水平必须遵循的原则。由于性别、年龄、体质和健康状况的差异，体育锻炼要从自己的实际情况出发，有目的地选择和确定运动项目、练习方法，合理地安排锻炼的时间和运动负荷。在每次锻炼前，都要评估自己当时的健康状况，使运动项目的难度和强度不要超过自己身体的承受能力。违反人体发展这一基本规律，只能损害身体健康。同时，也要从外界环境条件的实际出发。参加体育锻炼时，一方面要根据自身的实际情况，另一方面还要从季节、气候、场地、器材等外界条件的实际情况出发，按照科学锻炼的方法，合理选择运动项目、练习时间、运动负荷，才能收到良好的锻炼效果。如冬季应着重发展耐力和力量素质，春秋两季应重点进行技术性项目，在炎热的夏天，游泳是比较理想的运动项目，但运动时不要在阳光下暴露太长时间。力量训练前，要仔细检查器械，避免意外事故的发生。

（2）循序渐进的方法。循序渐进原则主要是指在安排锻炼内容、难度、时间及负荷等方面要根据人体发展规律和超量负荷原理，有计划、有步骤地逐步提高要求。使人体在不断适应的同时，体质逐步得到增强。一个方面是运动负荷的循序渐进：进行体育锻炼时，当机体对一定运动负荷产生适应之后，这种负荷对机体的刺激会变小，此时，可以适当增加练习时间和练习次数，让机体产生新的适应。但运动负荷的增加要由小到大，逐步提高。体育锻炼的开始阶段或中断锻炼后恢复锻炼时，强度宜小、时间宜短，不要急于求成。另外一个方面是练习内容上的循序渐进：练习内容要由简到繁，在动作要求上应由易到难，逐步加大难度。首先考虑简单易行、容易收到锻炼效果的项目和内容。每次练习时，应先从动作简单、强度不大的内容开始练习，然后逐渐增加动作难度和运动负荷。体育锻炼只有遵循人体生理、心理发展的基本规律，根据自己身体健康状况，科学地安排适宜的运动负荷及练习内容，才能收到良好的锻炼效果。

任务四 追求体育成效

学习目标

1. 提升强健有力的身体素质。
2. 保持气质优雅的优美体态。
3. 锤炼奋发向上的意志品质。

思维导图

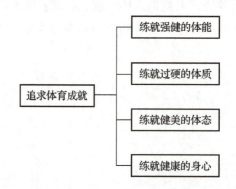

主题讨论

除了身体健康，大学生也越来越重视心理健康，体育是否具有调节心理健康的作用？

观点一：大学阶段，正是大学生体质发育成长的关键时期，通过有规律的体育活动，可以提高神经过程的均衡性和灵活性，增强操作思维和视觉思维能力，使注意力、记忆力、观察想象力等智力因素得到提高，既可胜任繁重的学习任务，又可以消除长时间紧张学习带来的身体疲劳，调节情绪，保持良好的身心状态，促进和提高学习效率。

观点二：我国著名的医学心理学家丁肇教授指出："人类的心理适应，最主要的就是对于人际关系的适应，所以人类的心理病态，主要是由于人际关系的失调而来。"体育教学人际交往呈群体多向性，师生、学生之间群体多向性的人际交往与活动，培养了学生的人际沟通能力。学生通过体育活动去认识体育、认识生活、认识社会，并使这种认识升华到信念、世界观的层面上，将对学生情感的陶冶、人格的塑造、人生观和价值观的形成起到积极的促进作用。

你的观点：_____
_____
_____

请在课前查阅相关资料或者或根据自己的理解，用简要的语言对资料内容进行概括，并形成自己的观点准备课堂发言。

青少年是国家的未来和民族的希望。习近平总书记强调："少年强、青年强则中国强。少年强、青年强是多方面的，既包括思想品德、学习成绩、创新能力、动手能力，也包括身体健康、体魄强壮、体育精神。"[①]包括大学生在内的青少年身体素质事关个人成长、家庭幸福、民族未来，只有积极参与体育健身运动，强健体魄、砥砺意志，凝聚和焕发青春力量，才能为中华民族伟大复兴做出应有贡献。

一、练就强健的体能

强健的身体是我们幸福生活的前提，而想要拥有这样的身体，我们就得在平日里多重视身体的保健，重视体能的培养。从根本上说，重视体育，就是重视人才培养。

[①] 选自：《习近平看望南京青奥会中国体育代表团》，《人民日报》2014年8月16日01版。

大学生职业素养

2014年，教育部印发了《高等学校体育工作基本标准》，其中规定"建立健全《国家学生体质健康标准》管理制度，学生测试成绩列入学生档案。毕业时，学生测试成绩达不到50分者按结业处理"。这意味着，体测不达标的大学生将无法获得毕业证。安徽安庆师范大学出台规定，从2019年起，应届毕业生如果体测不合格，就不予颁发毕业证书。该校体育学院院长表示，以前学校对体能测试工作没有特别重视，导致代测现象严重，学生的身体素质也因此不断下降。要像重视其他学科教育一样，重视体育教学，多建立运动队和俱乐部，由学生自主选择参加一个或多个运动队、俱乐部，通过参加运动队、俱乐部的训练和比赛，培养体育技能和运动习惯。即学生有双重身份，既是学生，又是运动员。这是更有利于培养学生运动技能、习惯的教学方式，比上枯燥的体育课，或者安排学生进行统一的跑操活动，更能激发学生的兴趣，让学生感受运动之美。

【相关链接】

清华大学的官网上，有一篇《人民体育教育家马约翰》的介绍。许多毕业于清华大学赫赫有名的大师，如吴宓、萧公权、潘光旦、梁实秋等，说起清华体育课，那是"爱恨交加"，因为他们有一个共同的体育教师叫马约翰（1882—1966）。

清华建校之初，体育不及格不能留学。大师们从最初的"怕"上体育课，变成感谢这位叫马约翰的体育老师。

当时的清华，每天下午4—5点钟，学校就将图书馆、教室、宿舍都锁起来，让学生到操场上去活动。每个学生在校学习的8年间，必须通过"五项测验"指标，即：百米赛跑14秒；半英里赛跑3分钟；掷铁球20英尺；跳高45英寸①。两项择一：足、篮球要求懂得有关知识和规则；射箭，10分以上。

为什么体育不及格就不能留学呢？马约翰曾回忆说："因为有了一个实际问题，就是清华每年要送出100名学生到美国，送出的学生，总要

---

① 1英里≈1.61千米；1英尺≈0.3048米；1英寸≈0.0254米。

像样一点，不能送去'东亚病夫'吧，因此学校才考虑除了让学生念书、盖图书馆、盖大礼堂外，也要学生搞体育，盖个体育馆，等等。从我来说，我主要是考虑到祖国的荣誉问题，怕学生出国受欺侮，被人说成中国人就是弱，就是'东亚病夫'。中国学生，在国外念书都是好样儿的，因此我想体育方面也不要落人后。要求大家不仅念书要好，体育也要好；功课要棒，身体也要棒。"

晚年的梁思成常笑着对后辈说："别看我现在又驼又瘸，当年可是马约翰先生的好学生，有名的足球健将，在全校运动会上得过跳高第一名，单双杠和爬绳的技巧也是呱呱叫的……我非常感谢马约翰。想当年如果没有一个好身体，怎么搞野外调查？在学校中单双杠和爬绳的训练，使我后来在测绘古建筑时，爬梁上柱攀登自如。"

二、练就过硬的体质

回望历史，旧中国积贫积弱、体育落后、国民体质羸弱，备受西方列强欺凌，被蔑称为"东亚病夫"。1908年，《天津青年》杂志的一篇文章向国人发出过著名的"奥运三问"，表达了当时体育界对国衰民弱现状的强烈不满。体育代表着一个国家的实力和尊严。在积贫积弱的时代，许多有识之士率先意识到要把体育与救国相连，认为挽救国家民族必须培养新的国民，要以体育推动国民觉醒，促进救国图强。梁启超在《新民说》中针对"病夫"一词提出"强国必先强种"，要改变中国积贫积弱的局面，必须提高国民体质[①]。受其影响，越来越多的有志之士意识到国民的身体素质是民族竞争力的基础。中国共产党主要创始人陈独秀就曾提出，"唯有体育一门，从来没人提倡，以致全国人斯文委弱，奄奄无生气"，"以如此心身薄弱之国民，将何以任重而致远乎"[②]？近代中国所面临的危机与挑战，使得当时的爱国志士尝试从不同角度思考救国之道，借助体育运动强健国民体魄也成为一种具有相当影响力的观点。

毛泽东同志认为体育的作用在于能"强筋骨、增知识、调感情、强意志"，

---

① 原载于《中国档案报》2022年6月10日总第3842期 第一版。
② 原载于《中国档案报》2022年6月10日总第3842期 第一版。

强调要把个人锻炼、体育运动与整个国家民族的命运结合起来。1938年10月，毛泽东在中共扩大的六届六中全会上代表中央政治局做政治报告《论新阶段》，指出"伟大的抗战必须有伟大的抗战教育运动与之相配合"，要"广泛发展民众教育，组织各种补习学校、识字运动、戏剧运动、歌咏运动、体育运动，创办敌前敌后各种地方通俗报纸，提高人民的民族文化与民族觉悟"。在争取民族独立和人民解放的伟大斗争中，中国的体育运动与革命战争密切结合，增强了人民身心素质，有力提升了军民的斗争精神，对夺取中国革命的胜利发挥了重要作用。

三、练就健美的体态

健美的人体，不仅具有坚强的骨骼、发达的肌肉、光泽的肤色和焕发的精神，而且还具有匀称的形体和优美的轮廓线条，一个人有了端庄的姿态和健美的体态，即使容貌不够俊秀，也仍能使人产生和谐动人的美感。随着人们审美情趣的提高，从20世纪80年代初期始，健美运动便风靡全球，我国也受这股浪潮的影响，越来越多的人，尤其是广大青年，顺应时代潮流，迷恋、追求着健美。

【相关链接】

2021年6月4-5日，上海市第二届大学生健身健美锦标赛、上海市大学生阳光健康形象大使公开赛暨2021中国大学生健身健美锦标赛选拔赛在上海智慧湾成功举办。本次活动受到了社会各界的极大关注，现场赛程直播吸引了超过70万人次围观。王天培从2016年开始正式地接触系统训练，3年时间他获得过3次冠军和一次亚军。刚上大学的时候他就非常喜欢健身，后来在一次机缘巧合下认识了现在的教练，之后在教练的指导下开始踏上了健美竞技的道路，2018年在参加全国大学生健美比赛时获得了全国的冠军。

在现实中，有部分大学生，由于紧张的学校生活而忽视了体育锻炼，导致体型发育不正常而形成"豆芽菜"或者"胖墩儿"身材。所谓"豆芽菜"体型主要是指人体长度与宽度（如胸围）的比例不相称，即体型细长、胸围发育不足、长得不壮实，这种体型的出现主要与缺乏体育锻炼有关。体育锻炼可改善肌肉的血液循环，使肌肉得到充足的营养，代谢活动增强，肌肉群增粗，人变得健壮起来。为塑造形体美，可对身体局部进行锻炼，例如对颈、肩、胸、背、上肢（上臂、前臂）、腹、腰背、髋与臀、大腿以及小腿与脚踝等部位进行长期规范的训练，可使人体健康丰满，四肢匀称和谐，肌肉线条清晰而富有弹性，关节灵活。同时还可以防止身体的机能和肌肉老化，预防和克服身体各部位的畸形发展和疾病。人的机体是复杂的，无论哪种运动项目都必须持之以恒才能奏效。三天打鱼，两天晒网，不仅收效不大，有时反而会起到相反作用。只有坚持经常锻炼，并且逐渐加大运动量或延长锻炼时间，才能促进肌肉发展和脏器功能，达到锻炼效果。如果运动量过小，机体不用动员内脏器官的潜力就可以负担，则锻炼效果不明显。如果运动量过大，就会影响机体的健康。因此要根据大学生的年龄、性别、身体状况，制定个体化的运动方案量力而行。

【观点讨论】

毛泽东在1952年为中华全国体育总会成立大会的著名题词"发展体育运动，增强人民体质"反映了他完整而系统的体育思想，也是他对体育内涵和本质的高度概括与总结。他反复强调的运动并不是以取胜为内涵、以追求功利为目的的那种"更快、更高、更强"的竞技运动和那些供人们观赏娱乐的技艺、形艺运动，而是强调以增强人的体质，提高人的健康为目的的、讲究实效的健身运动。

为什么说"要强国、要为国，就要增强民族体质，就要搞好体育"？谈一谈你对毛泽东的"体育之真义"的理解。

4. **练就健康的身心**

健康，是人类追求的一个永恒的主题，也是人们日常生活中必然会遇到的问题。健康包括身体健康和心理健康两个方面，缺一不可。身体是生命的物质载体，没有身体，生命无法存在；心理则是生命的精神载体，没有良好的心理素质，其他一切也将失去存在的意义。由此可知，心理健康是身体健康的精神支柱，身体健康是心理健康的物质基础。

身体健康与心理健康息息相关，是互相联系、互相作用的。早在我国古代，医学家们就发现了人的情绪与健康有着重要的关系，他们发现七情（分别是：喜、怒、忧、思、悲、恐、惊）是疾病发生的致病因素，认为人的情绪过度发生变化，会引起阴阳失调、气血不和、经脉阻塞、气机紊乱，从而总结出"七情过度百病生"的说法。性格与身体健康也关系密切。古希腊哲学家希波克拉底曾说："了解什么样的人得了病，比了解一个人得了什么病更为重要。"那为什么会这么说呢？我们都知道，一个人的性格反映了一个人的心理状态，但是心理的变化可以通过内分泌和免疫机制的生理功能和抗病能力表现出来。所以，性格特征既可以作为致病因素，又可以改变疾病过程。

基于身体健康与心理健康的关系，可知身体健康能促进心理健康，体育锻炼能有效促进个体心理健康的发展。

（1）体育锻炼与认知功能。认知是指个体大脑处理信息的过程，也称为认知活动或认知功能。体育锻炼与认知活动的早期研究认为体育锻炼可以改善大脑的功能，提高大脑工作效率，进而对增强记忆力有积极作用。澳大利亚悉尼大学曾发表新闻公报说，该校参与的一项国际研究发现，有氧运动可以延缓由于衰老导致的大脑海马体萎缩，从而提高记忆力。适当的体育锻炼对学生的认知功能有益。在校学生经常性地参加体育锻炼对认知能力的提高有着积极的作用。

（2）体育锻炼与焦虑、抑郁情绪。焦虑和抑郁都是个体的不良情绪状态，经常伴有疲劳或耗竭的生理症状，会导致持续性的社会功能、认知功能和学业成绩的下降。而体育锻炼已经成为一种治疗抑郁、焦虑情绪的有效方法。有研究表明，体育锻炼能有效减轻大学生的焦虑、抑郁情绪。随着锻炼量的提高，多巴胺和血清基的分泌增加，会使个体产生成就感、独立感和自我效能感，诱发积极的情感和思维，从而抵抗抑郁消极情绪的能力就会增强，抑郁程度减弱的效果就会越好。

（3）体育锻炼与压力。

心理压力是指人们在日常生活中经历的各种生活事件、突然的创伤体验、慢性紧张等导致的一种心理紧张状态。压力是大学生普遍的心理和情绪上的体验，更是影响大学生心理健康的主要因素之一。一定程度的压力有助于提高大学生的学习和工作效率，但过度的压力则会影响大学生的身心健康。因此必须对压力进行相应的管理，而体育锻炼被证实是一种有效的缓解压力的方式。经常参加体育锻炼可以给人带来良好的情绪状态，能及时消除影响大学生身心健康的不利因素，进而有针对性地缓解大学生的压力，以保证大学生健康成长。

> **名人语录**
>
> 健康的身体乃是灵魂的客厅，有病的身体则是灵魂的禁闭室。
> ——培根
>
> 身体既是心智的基础，发展心智不能使身体吃亏。
> ——斯宾塞
>
> 健全的精神寓于健全的身体。
> ——洛克
>
> 教育上的秘诀，便是使身心两种锻炼可以互相调剂。
> ——卢梭
>
> 为了使他有坚强的心，就需要使他有结实的肌肉；使他养成劳动的习惯，才能使他养成忍受痛苦的习惯；为了使他将来受得住关节脱落、腹痛和疾病的折磨，就必须使他历尽体育锻炼的种种艰苦。
> ——卢梭
>
> 殊不知有健全之身体，始有健全之精神；若身体柔弱，则思想精神何由发达？或曰，非困苦其身体，则精神不能自由。然所谓困苦者，乃锻炼之谓，非使之柔弱以自苦也。
> ——蔡元培

【相关链接】

1. 现代医学研究证明，90%的癌症病人是患病前曾有过长期负性情绪刺激或遭受过重大的情绪打击，得出结论"不良情绪是癌症细胞的催活剂"。即性格开朗、活泼、直爽、乐观的人不易得病，即使得了病也会好得快，容易康复。性格暴躁、愤怒、容易激动紧张的人，会通过人的神经系统影响激素水平，促使人患高血压、冠心病、动脉硬化、心肌梗死、脑梗死或脑出血等。性格内向、忧郁悲观、消沉、多虑、焦虑的人，易患胃溃疡、各种神经症，并提前衰老。性格内向、紧张、经常压抑自己的愤怒和不满的人，易患各种癌症。性格忧郁的女士比性格开朗的女士更易患乳腺癌。

一切不利的影响因素中，最能使人短命夭亡的莫过于不良的情绪和恶劣的心境。人一旦产生坏情绪，一方面可造成身体耗氧，另一方面通过交感神经系统使心跳增快、血管收缩，会导致一些重要器官供血、供氧不足，特别是大脑和心肌缺氧。

2. 芝加哥大学心理学系教授西恩·贝洛克（Sian Beilock）认为，我们的身体并非像传统认为的是受心灵驱使的工具，相反，身体不仅强烈地影响了心智，而且会参与塑造我们的心智。简言之，就是人在开心的时候会微笑，而如果微笑，人也会趋向于变得更开心。下面是一个身体影响情绪的典型例子：

现有的药物和心理治疗能帮助大部分抑郁症患者脱离病症的苦恼，但是仍然有一小部分患者无法从这两种治疗方法中获得帮助。后来德国和瑞士的科学家研究证实了肉毒杆菌可以有效缓解抑郁症状。这个肉毒杆菌就是平时经常听到的很多人为了延缓衰老用来消除皱纹的。

科学家们做了一项双盲实验：招募了患有重度抑郁症的男性和女性，对他们的脸部注射了肉毒杆菌或安慰剂，而且参与实验的科学家和患者都不知道注射的是哪一种。结果，接受肉毒杆菌注射的患者的抑郁症状，比如自卑、悲伤、绝望等，严重程度平均减少了47%，而那些接受安慰剂注射的患者，在整个研究过程中抑郁症程度就没有表现出显著的改善。

可以看出，这里的重点是面部表情和情绪之间的关系。当表示悲伤的眉间皱纹消失之后，人们的情绪似乎也变好了。一种解释是，当我们体验到某种情绪，比如不高兴，这种不高兴的情绪不仅仅出现在大脑中，而且还会延伸到面部表情和身体姿势上，像皱眉头、身体驼背等，而这些动作又反过来向大脑发送信号确认我们真的不高兴。除了面部表情，身体的其他方面同样也会对情绪造成影响。加利福尼亚大学哈斯商学院的卡尼教授研究发现：1分钟的扩张性身体姿势，比如抬头挺胸、双手叉腰等，就可以让我们体验到比赛赢了的那种兴奋而自信的感觉。

高等职业教育创新型教材

大学生职业素养
（共5册）

册四 提升大学生之"美"

吴伟生 李 龙 杨东方 编著

北京理工大学出版社
BEIJING INSTITUTE OF TECHNOLOGY PRESS

版权专有 侵权必究

图书在版编目（CIP）数据

大学生职业素养：共 5 册 / 吴伟生，李龙，杨东方编著. -- 北京：北京理工大学出版社，2022.10（2024.3 重印）
ISBN 978-7-5763-1767-1

Ⅰ.①大… Ⅱ.①吴… ②李… ③杨… Ⅲ.①大学生 – 职业选择 Ⅳ.① G647.38

中国版本图书馆 CIP 数据核字 (2022) 第 192321 号

出版发行 / 北京理工大学出版社有限责任公司
社　　址 / 北京市海淀区中关村南大街 5 号
邮　　编 / 100081
电　　话 / （010）68914775（总编室）
　　　　　（010）82562903（教材售后服务热线）
　　　　　（010）68944723（其他图书服务热线）
网　　址 / http：//www.bitpress.com.cn
经　　销 / 全国各地新华书店
印　　刷 / 北京虎彩文化传播有限公司
开　　本 / 710 毫米 × 1000 毫米　1/16
印　　张 / 16.75　　　　　　　　　　　　　　　　责任编辑 / 李慧智
字　　数 / 224 千字　　　　　　　　　　　　　　　文案编辑 / 李慧智
版　　次 / 2022 年 10 月第 1 版　2024 年 3 月第 3 次印刷　责任校对 / 周瑞红
定　　价 / 54.80 元（共 5 册）　　　　　　　　　　　责任印制 / 李志强

图书出现印装质量问题，请拨打售后服务热线，本社负责调换

目 录

模块四　提升大学生之"美" …………………………………………1
　任务一　提升发现美的能力……………………………………9
　任务二　提升追求美的意识……………………………………34
　任务三　提升创造美的素养……………………………………59
　任务四　提升美的职业素养……………………………………66

模块四

提升大学生之"美"

任务一　提升发现美的能力

任务二　提升追求美的意识

任务三　提升创造美的素养

任务四　提升美的职业素养

学习目标

1. 提升审美素养。
2. 温润启迪心灵。
3. 陶冶健康情操。

思维导图

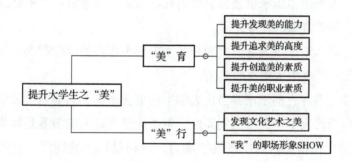

导读摘要

美育是一种按照美的标准培养人的形象化的情感教育。它以特定时代、特定阶级的审美观念为标准，以形象为手段，以情感为核心，以实现人的全面发展为宗旨。通过美育，可以使人具有美的理想、美的情操、美的品格、美的素养，具有欣赏美和创造美的能力，等等。美育是审美与教育结合的产物，它的本质特征就是情感性。由于不同时代有不同的审美标准，因而美育具有一定的功利性，它在不同的时代制约于不同社会的伦理道德观念；又由于美育的本质在于情感性，而美感是内在的、超功利的，故美育的最终价值还是指向"至高的善"。它所要培养的审美意识及其倡导的审美的人生境界,是不同时代、不同地域的人们共同追求的至上理想。在人们的日常语言中,感官愉快的形式叫作美,伦理愉悦的形式也叫作美,凡是引起人们愉快的都可以叫作美。

美是人们接触到美好事物时自发产生的一种心灵感受,对当代大学生进行美育教育是否有必要?

观点一:从古至今,许多中外著名的思想家、哲学家都十分重视美育在人类社会发展中的作用。我国早在周朝时期,就开始把民歌作为美育手段对民众进行教化。国外很多国家也重视美育的教育功能,美育古往今来都以其独有的教育特点发挥着特殊的教育作用。

当前,科学地认识美育,发现和关注美育中存在的问题和误区,寻找相关的对策,无疑具有极为重要的意义。

观点二:美育有助于培养当代大学生的审美情操,培养当代大学生的理想人格,提高当代大学生人格的创新性。审美能使人进入的境界是物我两忘,而美育能使学生在审美过程中激发想象力,达到意识上的创新。爱因斯坦曾说过,把人们引向艺术和科学的最直接、最强烈的动机之一是"人们总想以最适当的方式画出一幅简化和易感悟的世界图像",这实际上就是"揭示出宇宙中的美",正是音乐的美带给爱因斯坦以想象力,可以说如果没有音乐可能就没有相对论。因此,美育教育对当代大学生的身心发展具有深远影响。

你的观点:_____
_____
_____

请在课前查阅相关资料或者或根据自己的理解,用简要的语言对资料内容进行概括,并形成自己的观点准备课堂发言。

美是纯洁道德、丰富精神的重要源泉。美育是审美教育、情操教育、心灵教育，也是丰富想象力和培养创新意识的教育，能提升审美素养、陶冶情操、温润心灵，激发创新创造活力。大学生自觉接受美育，不断提升发现美、追求美、创造美的能力，对自身全面发展具有重要意义。

一、有助于培育高尚情操

人的行动总是受一定情感支配的。人们的任何道德行为都是发源于人们的内心指令，一切道德规范，只有当它成为人们的内心信仰和内在需求之后，才能在实践中付诸行动。也就是说，只有当人们不仅从理性上认识应该这么做，而且从内心情感上也心甘情愿地去这么做的时候，人们的道德信念才能是坚定的、稳固的。正如孔子所说："知之者不如好之者，好之者不如乐之者。"

所以，人的情感对人生实践具有重要意义。而情感的开发与升华，只能通过情感的作用。美育正是依靠社会生活中美的事物、美的形象来打动学生、感染学生，从而使学生在效仿榜样的潜移默化中实现美德教育，通过情感的变化来分辨美丑，自觉地趋善避恶，实现道德情操的升华。

美育从内容到形式都带有很强的艺术气息，可以给人耳目一新的感觉，在这样的情景中"融美于心灵"，在感化、启发和诱导下，通过对美的欣赏，感官接受审美对象发射出来的信息，使其与大脑中原来储存的审美经验相联系，引发联想，与审美对象之间产生情感的交流和共鸣，从而得到感官上的享受、精神上的满足、理智上的启迪，进而使人荡涤灵魂，追求美好，摒弃卑微与自私，自觉扬起追求社会理想和高尚人格的风帆。如但丁《神曲》中的女神贝阿特丽切，表现了追求崇高真理的精神和关怀人类命运的热情，把人们引向无限丰富的美的境界。因此，对大学生实施美育可以帮助他们树立崇高的审美理想，提升自己的人生境界，使他们认识到生活中并不是只有吃喝玩乐，除此之外还有如此高尚愉快的精神生活可以为人所享受，放弃这种精神之乐，才是人生最大的遗憾。

二、有助于培育健康心理

人类进入文明社会之后，不可避免地会被自己所创造的成果所困累、所束缚，为了这些身外之物而去追逐世俗，本身独立自主的人格反倒成了这些身外之物的奴隶，人格被现实利益所瓦解，呈现出分裂的趋势。在自然经济的农业社会生活中，人们还没有被现代工业文明那样的经济秩序所束缚，还有一定的自由；而在现代文明社会中，经济生活的运转，以及伴随而来的人生的劳累奔波，使人们的精神生活平庸单调、百无聊赖。许多人对于生活意义的理解完全受制于现实的物欲，而忽略了对于生活意义的领悟，不能回转内心，升华精神。随着市场经济的发展，人格相对于过去的年代要自由得多，人们有了更多选择的自由，少了很多的人身依附关系。但是，由于受商业利益的驱动，适者生存、优胜劣汰是市场经济的铁定法则，它使人格成为其臣民，所以市场经济中的商业活动对于包括大学生在内的当代人人格的解构会带来一些负面影响。

美育中蕴含着丰富的人格力量，能够潜移默化地影响大学生的心灵，对促使大学生形成健康心理起着"春风化雨，润物无声"的熏陶作用。由于生命的需要，艺术作品融合了人类的真情实感和审美理想。高尔基曾经这样论述人的创造与人本身的关系：人所创造的一切东西，每一件物品中，都包含着他的灵魂。美育有别于其他教育之处就在于它是一种自由的形态，通过"寓教于乐"，"随风潜入夜，润物细无声"，使人的心灵得以净化。这是因为美与人的心灵是相通的，用康德的话说，美是情感知识与道德的桥梁。美育就是运用人类社会创造的一切美，对人进行美化自身的教育，使人具有一颗丰富而充实的灵魂，并渗透到整个内心世界与生活中去，形成一种自觉的理性力量。这是其他教育无法做到的。著名美学家朱光潜先生认为："美感教育的功用在怡情养性"，"文艺能给我们更深广的人生观照和了解"，"能帮助我们建设更完善的道德基础"。美育可以给人的心灵以本质的定性，一切的美育活动都是以此为基本出发点。心灵主要是指人的思想与情感。美育给人的心灵以本质的定性，就是指美育要为塑造美的灵魂而奋斗，使人具有崇高的审美理想，有正确的发展方向，也就是有一颗丰富而充实的心灵，并渗透到整个内心世界与实际生活中去，并形成一种健康的、自觉的心理力量，引导人生不断走向完美境界。

朱光潜先生（图片来源于360图片）

三、有助于培育创新思维

现代生理科学研究表明，人脑是完整的有机系统组织，脑的左右两半球有明显分工且又相互密切配合。左半球以管理语言、数学即抽象思维为主，右半球以管理音乐、图画即形象思维为主。若片面发展抽象思维，而不发展形象思维，就会造成大脑左右半球发展不平衡。大学美育活动正是以大量形象直观的自然形态和艺术形态作为其主要内容，这就使左、右两半球的智力得到充分运用开发，使各种思维能力得以平衡协调发展。美育在促进智能发展方面，不仅可以开阔大学生的眼界，激发他们的学习兴趣，还有助于他们智力结构的整体发展。

伟大的物理学家爱因斯坦就对古典音乐有着浓厚的兴趣，当他遇到问题的时候，经常拉小提琴，音乐常常使他思如泉涌，不断产生新的想法。的确，小提琴乐曲等古典音乐体现的和谐美，同大自然的和谐以及反映客观规律的物理理论的和谐确有相通之处。一个懂得并能欣赏音乐和谐美的人具备着得天独厚的直觉、敏感和特质，有助于他其去发现宇宙的和谐结构。爱因斯坦的研究方法被人们认为"在本质上，是美学的、直觉的"。他自己也曾经说过，应该把"外在的事实证明"和"内在的完美"作为选择物理理论的要求。他认为，如果有两种可供选择的方案，一种是更美的，一种似乎是更合理的，他宁可选择前者。大学阶段是人生中最富有创造才能的时期，这时的大学生具有强烈的好奇心和求知欲。在广泛开展的美育活动中，大学生可以发挥主观能动性，激发情感，提升审美能力，更好地打开思路，发挥想象，从而融会贯通，增强认识问题、分析问题、解决问题的能力。

综上所述，大学生必须把接受美育作为大学期间学习生活的重要内容。

模块四 提升大学生之"美"

任务一 提升发现美的能力

学习目标

1. 亲近自然，感悟美好。
2. 传承文化，品味意蕴。
3. 热爱生活，珍爱生命。

思维导图

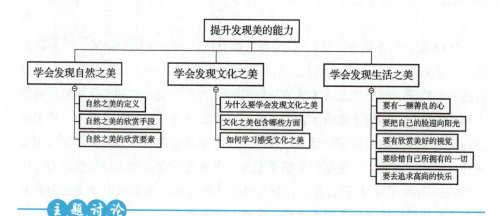

主题讨论

对于同一件艺术品，每个人的审美都是存在差距的，请问你是如何看待审美的？

观点一：审美是人类理解世界的一种特殊形式，指人与世界（社会和自

9

然)形成一种无功利的、形象的和情感的关系状态。审美是在理智与情感、主观与客观上认识、理解、感知和评判世界上的存在。审美也就是有"审"有"美",在这个词组中,"审"作为一个动词,它表示一定有人在"审",有主体介入;同时,也一定有可供人审的"美",即审美客体或对象。审美现象是以人与世界的审美关系为基础的,是审美关系中的现象。

观点二:审美的范围极其广泛,包括建筑、音乐、舞蹈、服饰、陶艺、饮食、装饰、绘画等。审美存在于我们生活的各个角落。走在路上,街边的风景需要我们去审美;坐在餐馆,各式菜肴需要我们去审美……当然这些都是浅层次上的审美现象,我们需要审美,研究审美,更应从高层次上进行探讨,即着重审人性之美。我们要不断追问自己的心灵,不断提高自己的审美情趣。

你的观点:_____
_____
_____

请在课前查阅相关资料或者或根据自己的理解,用简要的语言对资料内容进行概括,并形成自己的观点准备课堂发言。

法国雕塑大师罗丹说过:"美是到处都有的。对于我们的眼睛,不是缺少美,而是缺少发现。"的确如此,只要我们睁开眼睛,映入我们眼帘的有千姿百态的自然美、形形色色的生活美与斑驳陆离的艺术美。可是这并不是所有的人都能发现它。如何才能善于发现美呢?这就要具备一定的审美能力。审美能力是指在审美活动中发现、感受、判断、评价和欣赏美的能力。它作为人类的一种高级的实践能力,包括审美感受能力、审美鉴赏能力和审美创造能力。正如卢梭所说:"有了审美能力,一个人的心灵就能在不知不觉中接受各种美的观念,并且最后接受同美的观念相联系的道德观念。"

审美感受力是审美能力中最基本的能力。所谓审美感受力是指主体的审美感觉器官对审美对象的感觉和把握,只有首先感到美,才能进一步鉴赏美,才会引起情感的波动。但事实上,并不是每个人都善于感受美,审美感受力是需要后天通过美育来培养和训练的。在美育实践中,审美感受力的提高一是通过审美观察力的培养,即培养主体善于从不同的对象中发现它们各自的特殊之点,也就是说找到每一审美对象独具的特点。比如,通过美术教育就能够提高视觉感受能力,美术家能分辨一般人分辨不了的上百种颜色,能觉察一般人觉察不到的线条、形体之美。二是通过审美态度的培养,即在审美过程中作为审美主体的人,一方面要能"神与物游",把自己的情感移入审美对象中去,完全进入审美的境界;另一方面又能保持静观的态度,即采取非实用、非功利的欣赏态度,也就是审美者与审美对象之间能保持一种审美距离。比如,对于一个以实用为目的的人来说,面对着兰花、水仙花和油菜花、南瓜花,其感受是很不一样的。对于前面这两种花,他可能会无动于衷,因为它们不可能从经济实用上给他带来什么好处;对于后面这两种花,他却会产生由衷的喜悦,因为盛开的油菜花和南瓜花,预示着丰收和生活的改善。在这里,审美主体缺乏一种自觉观赏的态度,把人对现实的审美关系完全变成了一种功利的实用的关系,因此他不能够欣赏客观对象的美。可是,对于一个画家来说,这四种花都能够引起他的无限喜悦之情,因为在这里他都可以获得自己所需要的美。

水仙花　　　　　　　　兰花

油菜花　　　　　　　　南瓜花

(图片来源于 360 图片)

审美能力不仅是感受力,还需要有丰富的想象力和深刻的理解能力。审美能力的强弱往往最终要在审美鉴赏力上体现出来。所谓审美鉴赏力,就是对事物的审美价值鉴别和欣赏的能力。现实世界中鱼龙混杂,若不鉴别就会美丑不分,进入审美和人生的误区。审美鉴赏力标志着一个人在审美修养、审美能力以及文化素质、思想觉悟、知识储备等方面的综合水平。美育正是使受教育者在审美欣赏中情感受到洗涤、净化的过程。审美鉴赏力是在审美实践中不断提高的。在美育中,树立高标准的审美规范对提高大学生审美鉴赏力具有十分重要的作用。比如,有些大学生只满足于读通俗小说,唱流行歌曲,虽然数量不少,但是审美鉴赏力却提高不大。如果指导他们多欣赏那些经典的名著、名画、名曲以及自然界的名山大川、历史上的伟人伟事,这样审美鉴赏力和审美境界、思想境界就会大大提高。

一、学会发现自然之美

自然美不胜收,我们需要从姹紫嫣红的自然现象中探求美的本质,寻找美的力量,注入我们的心灵,获得超越的审美感受。自然美偏重于形式美,因此我们在欣赏自然时要注意从自然的形式入手,观其形、听其声、闻其味、看其色,从整体上把握自然之美。

> **名人语录**
>
> 大自然的每一个领域都是美妙绝伦的。
>
> ——亚里士多德

(一)自然之美的定义

自然美,是指各种自然事物呈现的美。自然美包括日月星云、山水花鸟、草木鱼虫、园林四野等,非常广阔多样。自然美作为经验现象,是人们经常能够欣赏和感受的。自然美是每时每刻、无处不在的美。每个人都应该懂得如何欣赏美,如何去欣赏生活中的自然美。这需要我们用自己的五感去感触,只有掌握时间、角度、距离的变化,我们才可以更好地欣赏自然美,挖掘出它真正的内涵。美的自然对象可分为两种:一种是经过人们直接改造加工、利用的对象;另一种是未经直接改造的自然。前一种与社会事物的美接近。这种景物凝聚着人的劳动,经常作用于人们的感性和理性,唤起人们的审美愉悦。如春天生机蓬勃的秧苗,秋日金黄的硕果,绿色的山林,雪白的羊群。民歌中写道:"麦田好似万丈锦,锄头就是绣花针。公社姑娘手艺巧,绣得麦苗根根青。"高尔基在论述这类自然美时说:"打动我的并非山野风景中所形成的一堆堆的东西,而是人类想象力赋予它们的壮观。令我赞赏的是人如何轻易地与如何伟大地改变了自然。"后一种自然美的根源仍离不开自然和生活的联系。它们作为人们的生活环境而出现,或是为人类提供生活资料的来源,它们是人类生活劳动不可缺少的东西,因而给人以美感。例如太阳,正像车尔尼雪夫斯基所说"美得令人心旷神怡",是因为它是"自然界的生机的源泉,恩泽万物,也使我们的生活温暖。没有它,我们的生活便暗淡而悲哀。总之,太阳是直接有益于人的生命机能,增进体内器官的活动,因而也有益于我们的精神状态"。无论是前者还是后者,想要读懂自然之美,我们就得学会如何去挖掘欣赏自然美。

(二)自然之美的欣赏手段

(1)看。欣赏美的最常用的方法之一就是看。无论是云烟缭绕的山峦还是恬静幽深的园林,我们都可以通过自己的双眼去发现自然之美。抬头或低头,大能望见蔚蓝的天际,小能欣赏摇曳的野花。美的确无处不在,我们要善于利用眼睛去发现最真实的自然,但是也不是所有人都能看到自然的美景,这里说的看,除了用眼睛看,更要用心看,不是只有奔腾的江河和巍峨的山川才能被称之为美丽,即使是一棵随处可见的香樟树,只要用心看,你都能看见它在风中摆动时妖娆的弧线和光与影的舞蹈。

(2)听。自然美不仅仅局限在一幅幅美丽的画面中,有时候闭上双眼倾听风、虫鸣的声音,你也会感受到一种音乐的美感,甚至只有将画面和声音融合在一起,你才能真正体会那种美丽。你站在岸边,听浪涛拍打礁石的声音,看蔚蓝的海水在你的脚下翻滚汹涌,是不是胸中生出了一股浩然之气?你站在树林之中,听各色虫鸣汇成一曲自然的交响乐,看阳光透过树叶间的缝隙撒成了斑驳的剪影,是不是觉得这一刻宁静美好到不忍心去破坏?有时候动物的啼鸣,江河的咆哮能为那视觉的盛宴锦上添花。因此有时我们可以尝试用耳朵去欣赏美丽,感受自然。

（3）想。除了用眼睛和耳朵去发现和感受自然，我们还要利用自己的想象力去扩展美。"飞流直下三千尺，疑是银河落九天。"李白看见庐山的瀑布，在欣赏感叹之余，还运用自己丰富的想象力，将那瀑布比成了九天之上的银河，把自己看到的自然之美无限地放大了。扩展了思维，甚至随处可见的白云，我们都可以将它幻化成飞驰的骏马、瑶池的仙女，从那些常见的自然景色中得到美的享受，用想象力将自然美延伸出去，从而发觉更多乐趣。

（三）自然之美的欣赏要素

（1）时间。时间是欣赏自然的一个很关键的要素。中午的时候抬头看见太阳，只觉得被阳光逼得睁不开眼，但是傍晚去看那太阳，却发现夕阳如此的瑰丽迷人。同一片山林在春天可能是姹紫嫣红，在夏天可能是苍翠欲滴，在秋季可能是满山霜红，而到了冬天则是银装素裹。正因为自然之景会随着时间而变换，人们才更热衷于发觉自然美的瞬间。所以欣赏自然美需要找对正确的时间。

（2）角度。"横看成岭侧成峰，远近高低各不同。"就像黄山的怪石一样，很多自然美景都要从不同的角度欣赏才能看见它独特的魅力。例如黄山半山寺前望天都峰上的一块大石头，形如大公鸡展翅啼鸣，故名"金鸡叫天门"，但登上龙蟠坡回首再看，这只一唱天下白的雄鸡却仿佛摇身一变，变成了五位长袍飘飘、扶肩携手的老人，被改冠以"五老上天都"之名。不同的角度塑造了不同的风景，很可能平凡无奇的景色在你转身的一瞬间就成了大自然鬼斧神工之作。因此我们要善于利用角度去欣赏美。

（3）距离。有时候距离产生美感。"不识庐山真面目，只缘身在此山中。"处在山林中，自己可能感受不到那山峦的雄奇，这是因为你和山峰的距离太近；坐在飞机上俯视海岸，你可能感受不到大海的波澜壮阔，这是因为距离太远的缘故。距离固然能产生美感，但是前提是这个距离要适中。例如前文讲过的怪石，从不同的角度看固然有不同的风景，但是你如果攀爬到石头上仔细观察，它也就仅仅是一块大石头而已。因此距离也是欣赏美丽很关键的要素。

自然美存在于我们生活中的方方面面，很多人抱怨生活中没有美丽，是因为他们不善于去发现和欣赏美丽。自然之美不是那种信手拈来的美丽，它需要在不同的时间、角度、距离，用视觉、听觉和人们丰富的想象力去欣赏。只有用心去感受自然，你才能会想感谢大自然让天地有了如此缤纷灿烂的色彩，让人类能欣赏到如此丰富生动的美丽。

【相关链接】

南岳衡山

南岳衡山为我国五岳名山之一，主峰祝融峰在湖南省衡阳市南岳区境内，七十二峰，群峰逶迤，其势如飞。素以"五岳独秀""祭祀灵山""宗教圣地""中华寿岳""文明奥区"著称于世。现为首批国家重点风景名胜区、首批国家5A级旅游景区、国家级自然保护区、全国文明风景旅游区和世界文化与自然双重遗产提名地。

"南岳"一词,始于春秋战国时期。《周礼·虞书》云:"(舜)五月南巡狩,至于南岳。"以南岳称谓衡山,最早见诸文字是汉初《尔雅》,其《释山》篇有"江南衡"之说,意指江南衡山,后《尚书·大传》中解《虞书》云:"南岳,衡山。"但是据《周礼·职方氏》《春秋》《星经》等典籍介绍,对南岳衡山的来历另有一番解释,它是按星宿的划分,说这地方上承轸宿玉衡星,所以叫衡山。衡山因地处五岳的最南端,故名南岳。

南岳衡山自然风光秀美。这里群峰叠翠,万木争荣,流泉飞瀑,风景绮丽。四时景色各异,春赏奇花,夏观云海,秋望日出,冬赏雪景。祝融峰之高,藏经殿之秀,方广寺之深,水帘洞之奇,自古被誉为南岳"四绝"。南岳衡山无山不树、无处不绿,核心景区森林覆盖率高达91.58%。境内有树木600多科、1 700多种,其中有国家级保护植物90多种,如号称活化石的千年银杏、水杉;濒临绝种、世界罕见、衡山特有的绒毛皂荚;以及摇钱树、同根生、连理枝等。负氧离子浓度平均值高达26 000个/cm^3,是难得的"天然氧吧"。与之相伴的有珍稀野生动物黄腹角雉、锦鸡、大头平胸龟、穿山甲等,可以称得上是一座天然的生物宝库!

南岳衡山历史源远流长。五岳自古就是江山社稷的象征,炎帝、祝融曾在此栖息,尧、舜、禹均登临祭拜,历代帝王或遣使或亲临祭祀。自尧舜以来,南岳衡山作为五岳之一的历史已达四千余年。黄帝、舜帝曾在衡山巡狩祭祀;大禹为治水,专程来南岳杀白马祭告天地,得"金简玉书",立"治水丰碑"。宋徽宗、康熙等皇帝为南岳题诗吟咏。相传黄帝委任祝融氏主管南方事务并封他为管火的火正官即火神;祝融教民以火熟食,生火御寒,举火驱兽;制乐作歌,以谐神明,以和人神。人们为了纪念这位管火有功的火正官,便以他的名字祝融命名南岳衡山的最高峰,并在峰顶建祠用于长年祭祀。

南岳衡山文化底蕴深厚。南岳是中国南方唯一最古老的人文始祖的祭祀山。祭祀文化是南岳文化的源头,自舜帝南巡至隋唐至清,历史上有记载的朝廷遣使祭祀南岳的就有120次之多,民间祭祀就不计其数了。如今，每年都有数百万游人，怀着种种美好的心愿，从四面八方来到寿岳灵山寻求精神上的慰藉。衡山福寿文化历史灿烂。《星经》载：南岳衡山对应星宿二十八宿之轸星，轸星主管人间苍生寿命，故又名"寿岳"。唐玄宗于南岳朱陵洞（水濂洞）投龙祈寿。宋徽宗在南岳金简峰皇帝岩御题"寿岳"巨型石刻。康熙皇帝亲撰的《重修南岳庙记》之中钦定衡岳为亿万臣民的"主寿之山"。中华祝颂词"福如东海，寿比南山"之"南山"即南岳衡山。《辞源》释"寿岳"即南岳衡山，南岳衡山因而称誉"中华寿岳"。衡山的宗教文化历史悠久，积淀深厚。南岳衡山不仅是风景名山，也是宗教圣山。这里道佛并存，互彰互显，同尊共荣。道教于东汉末年就在南岳筑观，佛教早在南朝梁天监二年（503年）扎根南岳。宗教文化积淀繁衍已达千余年历史，既有佛道儒共存共荣的南岳大庙、佛教禅宗尊为"六朝古刹、七祖道场"的福严寺，视为"天下法源""曹洞祖庭"的南台寺，又有道家立为《黄庭经》发源地的黄庭观等，道教"三十六洞天、七十二福地"中，南岳独占四处。特别是道佛两教共存一山，共融一庙，共值一殿，共尊一神，成为中国乃至世界宗教文化一绝。衡山书院文化、湖湘文化炽盛浓厚，成果丰硕。南岳书院文化始于唐肃宗时。唐代李繁为纪念其历经四朝的（唐玄宗、肃宗、代宗和德宗）著名宰相父亲李泌，便在南岳建了南岳书院（即今邺侯书院），这是我国历史上最早的书院。清代曾国藩在《重修胡文定公书院记》中写道："天下书院，楚为盛，楚之书院，衡为盛。"据《湖南通志》统计，清光绪年间，在现南岳区范围内，先后共有邺侯、文定、集贤等书院17处。南岳衡山书院的数量位列全国之冠。自唐以来，李白、杜甫、韩愈、黄庭坚、张居正、王夫之、魏源等历代众多的思想家、政治家和文人墨客都曾登临南岳，揽胜抒怀，留下了无数诗词歌赋、摩崖石刻和历史遗存。特别是宋代胡安国父子定居南岳衡山，建春秋楼，创建文定书院、碧泉书堂，潜心研究理学和传播学术思想，开创了中国传统文化历史上独树一帜的湖湘学派。衡山的抗战文化在我国抗战史上谱写了浓墨重彩的一页。1938年11月至1944年2月，南岳衡山曾一度成为国民党政府在正面战场的抗战指挥中心。蒋介石在此先后主持召开了4次高级军事会议，研讨战略和江南战场问题。国共两党合作创办的南岳游击干部训练班（简称"南岳游干班"），为正面战场培训了3 000多名抗日游击骨干。在南岳游干班，以周恩来、叶剑英为首的中央代表团和胡志明、季维诺夫等共产党人，曾在此大力宣传中国共产党的抗日主张和毛泽东的《论持久战》《论游击战》战略思想，团结和发动社会各界广泛开展抗日救亡运动。在国难当头、佛门受辱的抗日战争年代，南岳成立了佛道救难协会。在全民抗战中为全国宗教界人士树立了爱国爱教的光辉典范，为近代中国佛教史谱写了辉煌的一页。南岳忠烈祠成为抗战时期中华大地修建最早、规模最大的一座抗日烈士纪念陵园。南岳衡山不仅风光旖旎，历史悠久，文化璀璨，而且在世界反法西斯战争史上是一座风云际会、万众仰止的抗战名山，为中华民族同仇敌忾、团结御侮树起了一座万古流芳的历史丰碑。

（来源：湖南省旅游与文化厅官网，2020年7月3日）

意象与情趣的契合

诗的境界是情景的契合。宇宙中事事物物常在变动发展中，无绝对相同的情趣,亦无绝对相同的景象。情景相生,所以诗的境界是创造来的,生生不息的。以"景"为天生自在,俯拾即得,对于人人都是一成不变的,这是常识的错误。阿米尔说得好:"一片自然风景就是一种心情。"景是个人性格和情趣的返照。情趣不同则景象虽似同而实不同。比如陶潜在"悠然见南山"时,杜甫在见到"造化钟神秀,阴阳割昏晓"时,李白在觉得"相看两不厌,唯有敬亭山"时,辛弃疾在想到"我见青山多妩媚,青山见我应如是"时,姜夔在见到"数峰清苦,商略黄昏雨"时,都见到山的美。在表面上意(景)象虽似都是山,在实际上却因所贯注的情感不同,各是一种境界。我们可以说,每个人所到的世界都是他自己所创造的。物的意蕴深浅与人的性分情趣深浅成正比例,深人所见于物者亦深,浅人所见于物者亦浅。

(资料来源:朱光潜《诗论》,生活·读书·新知三联书店,1984年版)

二、学会发现文化之美

名人语录：文化开启了对美的感知。
——爱默生

在漫长的历史变迁中,中华传统文化积淀了丰富的艺术审美经验,形成了气韵美、意象美、意境美的文化遗产。历史上许多哲学先贤、文学巨擘同时也是美学大家,他们的作品中蕴含着大量美学思想。历史悠久的中华文明,灿烂光辉的传统文化艺术,不仅形成了中华民族独特的审美,而且为我们提供了极为丰厚的审美文化资源。因此,修正畸形的审美观,加强和巩固社会主流审美,提升全社会的审美水平,应注重从中华优秀传统文化中找寻给养,不仅追求形式美、外在美,更要追求内涵美、内在美。

（一）学会发现文化美的重要意义

一是中华优秀传统文化中有丰富的审美表现形式。传统文学、绘画、书法、戏剧、音乐、舞蹈等文艺门类中的优秀作品，无不是中华美学精神的生动体现。以古诗词为例，清晨可以是"日出雾露馀，青松如膏沐"，也可以是"日出东方隈，似从地底来"；傍晚可以是"黄昏独倚朱阑，西南新月眉弯"，也可以是"斜阳独倚西楼，遥山恰对帘钩"；夜晚可以是"峨眉山月半轮秋，影入平羌江水流"，也可以是"夜阑清露泻银河，洗出芙蓉半朵"……诗词的韵律美、哲理美、凝练美、画面美千百年来散发着无穷的魅力，默默地进行着美的传递。由审美的视角打开传统文化之门，我们可以充分感受到中华文化的灿烂，增强文化自信和文化自觉。二是中华优秀传统文化中有积极的审美价值引领。孟子曰："充实之谓美。"古谚云："人品不高，落墨无法。"在我国传统文化中，对美的追求蕴涵着对真善人格的向往，追求美的过程也是价值观、人生观、世界观养成的过程。今天我们仍然不能脱离"真善"来谈美，那是因为脱离"真善"谈美会使美变成空洞的形式。一味追求表面美、形式美、外表美，会造成名不副实、徒有虚表，会陷入浅薄，掉入庸俗甚至低俗、恶俗。三是中华优秀传统文化中有丰厚的审美元素。

纵观中国动画发展史，早期的《大闹天宫》《哪吒闹海》《小蝌蚪找妈妈》等，或从中国民间传说、神话故事中取材，或采用剪纸、水墨画等中国特有的艺术表现形式，彰显出鲜明的民族特色和深厚的文化底蕴。近几年的《西游记之大圣归来》《哪吒之魔童降世》《白蛇：缘起》等国产动画电影，也都巧妙融入中国传统文化元素，并运用现代新媒体技术将传统文化鲜活逼真地呈现出来，从而符合当代观众审美，取得了口碑和票房的双赢。梳理这些作品的创作经验，我们不难发现，传统文化始终是其内容的底色，坚守中华文化立场始终是其创新的出发点。也就是说，中华优秀传统文化不仅能带给人美的享受，还暗藏着保障文艺创作成功的密码。

（二）文化美蕴含的内容

中国传统文化是中国民族文明、风俗、精神的总称，是中华文明演化而汇集成的一种反映民族特质和风貌的民族文化。它以儒、佛、道三家传统文化思想为主干，相互依存，相互渗透，相互影响，构筑出中国传统文化的整体。中国传统文化之美主要包含以下九大类：

（1）图腾祥瑞文化之美。主要有龙、凤、麒麟、灵龟等。龙是中华民族的象征，我们都是龙的传人。龙也代表男性、皇权、阳刚。凤则代表女性、母仪和美丽。龙凤呈祥代表夫妻恩爱和谐。麒麟、灵龟都是龙族，是祥瑞的象征。

（2）思想教育文化之美。中华本土思想教育文化主要有儒家文化和道家文化，汉朝又从印度引进佛家文化即释迦牟尼佛法，合起来简称"儒道释"或"儒释道"。儒家代表人物是孔子、孟子，儒家代表作品主要有《大学》《中庸》《论语》等。儒家文化倡导血亲人伦、现世事功、修身存养、道德理性，其中心思想是孝、悌、忠、信、礼、义、廉、耻，其核心是'仁爱'。道家文化以是老子、庄子为主要代表人物。道家的代表作品主要有老子的《道德经》和庄子的《庄子》，也叫《南华经》。道家的思想崇尚自然，同时主张清静无为，反对斗争。佛教文化是由释迦牟尼创立，来自印度，它的文化精髓是"慈悲"。

（3）音乐戏曲文化之美。我们的中国传统音乐主要有两类：一是以传统乐器演奏的著名传统曲目。乐器主要有琴筝、二胡、唢呐、笙、锣鼓等。二是各地各派戏曲，它们的特点是将文学、音乐、舞蹈、美术、武术、杂技以及表演艺术综合而成，在具有共性的同时又体现了其各自的个性。至今有300多个戏曲剧种，从全国300多个戏曲剧种中脱颖而出的京剧、豫剧、越剧，被官方和戏迷友人们誉为中国戏曲三鼎甲。

（4）书画、剪纸艺术之美。中国的书法是全人类独一无二的艺术。也只有中国的文字可以用艺术的形式书写出来。书法字体，就是书法风格的分类。书法字体，又分为行书、草书、隶书、楷书、篆书五种。书法使用的工具就是我们所说的文房四宝，即笔（毛笔）、墨（墨汁）、纸（宣纸）、砚（砚台）。绘画主要是水墨画即国画。主要有山水、花鸟、人物画。中国画在构图、用笔、用墨、敷色等方面，也都有自己的特点。剪纸艺术具有非常浓烈的民族特色。中国的剪纸，既包含了绘画美术的艺术性、工匠技术的技巧性，还有图腾祥瑞的寓意美好性以及装饰性。

（5）服饰文化之美。中国56个民族，每个民族都有自己的民族服装，都非常美丽。同时随着历史的发展与变迁，民族服装也在不断变化，最具有代表性的中国民族服装当数汉服、唐裙和清朝的旗袍。汉服具备独特的形式，其基本特征是交领、右衽、系带、宽袖，又以盘领、直领等为其有益补充，以后朝代服装都是在这两种款式的基础上的变化。传统佩戴装饰主要是玉，玉特别讲究寓意吉祥，有身上佩戴的玉佩，和实用、观赏、祭典用玉器。

（6）生活文化之美。礼仪文化：生活中的礼仪主要有拱手作揖、鞠躬等。婚庆、祭祀等另有一套严格程序的礼仪。饮食文化：中国的饮食文化独具一格，世界闻名。饮即喝茶，我国的茶叶是最早对外贸易的产品，古代还有茶马古道，把茶叶运输流通到各地甚至偏远地区，深受世界广大人民喜爱。食即吃的饭菜食物，主要指很具特色的菜肴。中国菜讲究色、香、味，烹饪有烧、炒、蒸、煮等方式。各地特色、口味不同，根据各区域特点，形成了著名的八大菜系，即苏菜（淮扬菜）、浙菜、川菜、湘菜、闽菜、粤菜、徽菜、鲁菜。陶瓷文化：陶瓷不但是生活器皿，同时具有艺术文化特性。我国古代文物、古董主要以陶器为主。最早在国际商业交易中，陶瓷是中国的代表。陶瓷的英文与中国的英文为同一个单词，可见它的中国文化特征的显著性。节日文化：我国节日文化是很独有的。我们在季节上分二十四节气，用于指导农业生产。在生活上，比较重要的节日有：春节、元宵节、端午节、中秋节。每个节日都有很多不同的习俗。如吃有特定的有象征意义的食物，如元宵、粽子、月饼等。

（7）中医文化之美。中医是人类医学的一大瑰宝。我们的祖先利用大自然生长的各种草的不同特性研制治疗百病的中草药。从三皇五帝时就广泛使用中草药为百姓治病。炎帝神农为了知道各种草的药性，冒着生命危险尝百草，多次中毒。古代著名的中医有：李时珍、孙思邈、扁鹊、华佗等。中医的特点在于把人作为一个整体用辨证思维和五行生克理论找出病因对症下药，从源头祛病治本。中医治病在中草药以外，还有针灸、拔罐、刮痧、推拿等物理疗法。中医在世界各地都有广泛应用，我国周边国家如韩国、日本的中医技术都是从中国传入的。

（8）中国武术之美。中国武术在世界上称为中国功夫，由于一代武术巨星李小龙的大力推广，中国功夫威震美国、英国、泰国等世界各国。中国武术里有各种门派，有少林拳、武当功、太极拳等。中国武术指导思想是强身健体、自卫和养身。中国武术主要内容包括搏击技巧、格斗手法、攻防策略和武器使用等技术。

（9）中式建筑及家具装潢之美。中式建筑：一是皇家古典建筑风格，气势恢宏、壮丽华贵、雕梁画栋、金碧辉煌，造型讲究对称，色彩讲究对比，装饰材料以木材为主，图案多龙、凤、龟、狮等，精雕细琢、瑰丽奇巧；二是南方园林风格主要是小桥流水人家，青砖小瓦、飞檐楼阁；三是北方建筑代表四合院；另外还有其他因气候地势的不同而形成的不同风格的建筑，如窑洞等。中式家具装饰：中国传统家具多以明清家具为主，格调高雅，造型简朴优美，色彩浓重而成熟。中国传统室内陈设包括字画、匾幅、福字、中国结、挂屏、盆景、瓷器、古玩、屏风、博古架等，追求一种修身养性的生活境界。

（三）如何学习感受文化之美

一是正确地认识传统文化。在很多人的眼里，认为传统文化是糟粕，早就过时了，不值得学，也有人认为学习古人对日常生活没有什么用处。这些认识都是片面的，实际上，作为现代人，尤其是在当前大家都很浮躁的情况下，如果能够看看古人的所想、所说，会发现古人的智慧是很值得我们去学习的。二是采用诵读的办法更容易接近古人。看文字和读文字的感觉是不同的，尤其是读古人的书，如果有条件的话，每天读一段，坚持从《论语》《大学》等经典开始，一句一句地学习，有一个逐字逐句讲论语的公众号，也可以配合学习，这样就可以不用翻看纸质的书也一样学习了。三是学习要从易到难。比如刚开始学习《三字经》《弟子规》，然后学习《了凡四训》，听听故事，逐渐地学习四书五经，还有《道德经》等，这些知识都可以融会贯通，只要你制订计划，循序渐进地学习，就会越来越感兴趣。四是学传统文化贵在坚持。如果只是一时兴起，没有什么用处，这些知识比不得快餐文化和心灵鸡汤，是需要有些毅力去坚持的，而且一定要真正地感兴趣，从"要我学"到"我要学"，坚持下去，才会受益。五是学习要和实践结合。也就是知行合一，可以看看王阳明的心学。学一分，就做一分。比如看了《论语》要恭敬待人，那么平时说话办事情就要有恭敬的心理，这样慢慢地就会发现，原来恭敬待人，也会得到别人的尊敬，这样就会有良好的学习效果了。

【相关链接】

长沙马王堆汉墓

长沙马王堆汉墓，是西汉长沙国丞相、轪侯利苍一家三口的墓葬，共出土了三千多件珍贵文物,是20世纪世界最重大的考古发现之一。保存完好的墓葬结构及丰富的随葬品,是汉代生活方式、丧葬观念的完整呈现。700余件工艺繁复的精美漆器,反映了汉代髹漆业的辉煌成就;500多件织精绣美的丝织衣物,力证了西方文献中"丝国"(Seres)的记载;逾50篇"百科全书"式的简帛文献,传承了先哲们的学识与智慧;诡谲奇幻的彩棺帛画,蕴含了汉代的升天幻想及永生渴望;宛如梦中的千年遗容,创造了人类防腐技术的奇迹……马王堆汉墓是人们了解2 200年前社会风貌的窗口,被誉为汉初历史文明的标杆。

> "长沙马王堆汉墓陈列"展示面积5 243.8平方米,通过千余件珍贵展品历史与艺术交融的形式,以故事叙事手法,描绘了一幅軑侯家人生前的生活画卷。逝后严格按仪轨下葬并带走死后世界生活所需,折射出汉初人们对生命的珍惜以及多维宇宙观,从横切面展示当时的中国所达到的高度的物质文明和精神文明,以及在世界文明史上的科技成就及重大贡献。分为序厅及惊世发掘、生活与艺术、简帛典藏、永生之梦四个单元,分置于三层。
>
> (图文来源:湖南博物院官网)

三、学会发现生活之美

> **名人语录**
>
> 生活的美化者,社会的巩固者。
> ——罗伯特·布拉亥

生活美又称社会美,客观地存在于社会生活中,富有生活意义与人生价值,从而易于唤起审美情感的社会生活事物。社会生活中的现实美主要表现在生产劳动、阶级斗争、科学实验等领域中,特别是集中表现在作为一定时代、阶级的主体的社会先进力量、先进人物的身上,美在他们的性格和行为中得到了突出的体现。生活美的内容包括那些具备积极、健康、有益的性质和具有创造意义,并符合人类进步愿望和先进理想的生活,某些具有提示人生经验、人生真理、人生伦理价值和进步思想意义的生活以及一些足以激起人们内心的深情和想象,使人充满生活乐趣并要去创造未来的生活。在广阔的社会生活实践中,既有波澜壮阔、慷慨悲歌的战斗,也有诗情画意、优美典雅的恬静生活。这二者的社会意义虽不相等,但从审美上说,英勇献身精神的美,并非与纯洁坚贞的爱情的美互相排斥、不能相容。人的美是生活美的最高体现者,而人的心灵美(人格美、精神美)又是生活美的核心内容。生活美的特征是内容压倒形式，它的形式以其具有自然形态的特质而显得朴素、粗糙和驳杂，内容则相对地较为丰富而又广泛。善是生活美的本质和基础。对生活美的审美感受，往往是和道德感相结合作为一个统一整体而出现的。但并非凡善皆美，生活美必须唤起主体的审美感知，通过视听感官而获得一种特殊的愉悦性的审美感受，而不仅仅限于道德评价。生活美具有历史性，带有地域性和民族性的特点，在阶级社会里还有阶级性。

在社会生活中，有邪恶，有丑陋，有阴谋，有诡计，更有美好，但这种美好需要我们用心去发现，去感受。为什么要用心去发现、去感受，而不是用眼睛去发现、去感受？因为如果不用心去发现去感受，就可能熟视无睹，就可能充耳不闻。只有用心，才能真正地发现、感受到社会生活中存在的美好。

（一）用心去发现生活中的美好，要有一颗善良的心

有善心，才有善意；有善意，才有美好。一个心存险恶、心如毒蝎的人，是感受不到社会生活中的美好的。有一个让我很感动的故事：漆黑的夜晚，在一条没有路灯的小路上，一位盲人手提一盏明亮的灯笼踽踽独行。有路人见之不解："你眼睛看不见，还提灯笼干吗？"盲人回答："我眼睛虽然看不见，但别人能看见。"这是一个为别人点灯的具有善心的盲人。其实，他的这种善心，对自己也是一种回报。因为他的灯笼，会照亮别人的路，在照亮别人路的同时，也会让别人注意到自己，这样自己也不会被别人所撞到。

（二）用心去发现生活中的美好，要把自己的脸迎向阳光

迎着阳光，才能背对阴影，才能心态乐观。迎着阳光，要有阳光思维。所谓阳光思维，就是遇事要朝着美好的方面去想。爱迪生曾经尝试用1 200种不同的材料制作白炽灯泡的灯丝，都没有成功。有人对他说"你已经失败了1 200次了。"可是爱迪生不这么认为，他充满自信地说："我的成功就在于发现了1 200种材料不适合做灯丝。"这就是阳光思维。正是由于这种阳光思维，他继续努力试验，最终找到最适宜做灯泡的灯丝，获得了成功。遇事往美好的方面想，也许好运自然就会来到。有一位老太太生了两个女儿。大女儿嫁给

了雨伞店老板，小女儿家是开洗衣铺的。于是，老太太整天忧心忡忡。逢上雨天，她担心洗衣铺的衣服晾不干；逢上晴天，她又怕雨伞店的雨伞卖不出去。因此，她天天为女儿担忧，日子过得很忧郁。后来，有位聪明人对她说："老太太，您真是好福气！下雨天，您大女儿家生意兴隆；大晴天，您小女儿家顾客盈门；哪天您都有好消息啊！"老太太一听，咧开嘴笑了。老太太为什么咧开嘴笑了？因为她有了阳光思维，任何事情都朝好的方面思考。大家看，虽然两个女儿的生意没有什么变化，天气也还是老样子，但老太太的心情变了，世界就变得大不一样了。一件事情想通了就是天堂，想不通就是地狱。

（三）用心去发现生活中的美好，要有欣赏美好的视觉

培根有言："欣赏者心中有朝霞、露珠和常年盛开的花朵，漠视者冰结心城，四海枯竭，丛山荒芜。"有了欣赏美好的视觉，你就会发现，自然界不再是简单的山水草木。而是山有山的静谧，水有水的旖旎，花有花的芳香，草有草的翠绿。有了欣赏美好的视觉，你就会发现，动物界不再是凶猛的豺狼虎豹，而是蜜蜂有蜜蜂的生活，海豚有海豚的情调，仙鹤有仙鹤的风姿。有了欣赏美好的视觉，你就会发现，人世间不再是复杂的钩心斗角，而是儿童有儿童的天真，老人有老人的慈祥。总而言之，欣赏别人的大度，能开阔自己的心胸；欣赏别人的奉献，能净化自己的心灵；欣赏别人的优点，会成就自己的美好。

（四）用心去发现生活中的美好，要珍惜自己所拥有的一切

从前，有个国王整天闷闷不乐。于是，他派大臣出去为他寻找一个快乐的人，并把这个快乐的人带回王宫。大臣出去寻找了许多年，也没有找到。就在他以为无望的时候，他在一个小山村里发现了一个快乐的人。这个快乐的人一边耕田，一边歌唱。大臣来到他的面前，问他说："听说你很快乐，是吗？""是的，我每天都快乐。"大臣喜出望外，忙把自己的使命告诉了他。这位快乐的人听了大臣的话，大笑起来。然后说道："我曾因为没有鞋穿而沮丧，直到我在街上遇到了一位没有脚的人。"

在现实生活中,许多人的苦恼并非是真正的苦恼,而是由于他们不知珍惜自己所拥有的东西所造成的苦恼。

(五)用心去发现生活中的美好,要去追求高尚的快乐

一对孪生姐妹走进了玫瑰花园。妹妹看了一会儿,跑回来对妈妈说:"玫瑰花园是个坏地方。""为什么,我的宝贝?"妈妈问。"因为那里的每朵花下面都有刺。"过了一会儿,姐姐跑了回来,对妈妈说:"玫瑰花园是个好地方。""为什么,我的宝贝?"妈妈问。"因为那里的每丛刺上都有花。"同样都是玫瑰,妹妹看到的是刺,姐姐看到的是花。看到刺的妹妹感到的是苦恼,看到花的姐姐感到的是快乐。可见,快乐还是痛苦有时候就在于你怎样看,怎么去选择追求。快乐,是一种幸福和满意的感受。快乐虽然是一种感受,但它却有高尚的快乐和低级的快乐之别。大学生要追求大格局,必须避免低级的快乐,追求高尚的快乐。古希腊著名哲学家德谟克利特就说过:"不应该追求一切种类的快乐,应该只追求高尚的快乐。"低级的快乐,是视追求个人的极端利益、幸福、名声为快乐;高尚的快乐是以为人类工作、奉献、助人为快乐。以帮助别人为快乐。俗话说:"一个篱笆三个桩,一个好汉三个帮。"生活在世界上的人难免会遇到困难,遇到困难就需要别人的帮助。如果我们都能帮人所需,并以此为快乐,世界一定会变成美好的乐园。以帮助别人为快乐,就是助人为乐。助人为乐是一种高尚的道德情操。助人为乐者,是一个高尚的人,一个有道德的人,一个有益于人民的人。全国道德模范、中共中央候补委员、全国总工会兼职副主席郭明义,就是助人为乐的党的领导干部。郭明义常说:"给人温暖就是给自己幸福。每做一件好事,就有一股幸福感涌上心头,越做越有劲!"这是郭明义的幸福快乐观。这是一种以帮助别人、以奉献为快乐的快乐观。正是有了这种快乐观,郭明义捐出工资总额的一半给希望工程,累计为身边工友、特困学生和灾区群众捐款12万多元,资助了180多名特困儿童,参加了54次捐献全血和捐献血小板,累计6万多毫升,相当于自身全部血量的10倍。有人问他为什么要这样做,他说:"30年来,我经历了很多,但我的信念一直很明确:一个共产党员,要为党、为国家、为人民的事业奉献自己

的一切，这是天经地义的，不需要任何理由！"郭明义说，他的做法是天经地义的，不需要任何理由。事实上，有一个理由，这就是他对人民的热爱。正如他自己所说的："我这样去做事，就像父母抚养子女、儿女孝敬老人一样，没有那么多复杂的动机和缘由，就是天经地义的事。"海伦·凯勒是美国著名的盲聋女作家。生理上的缺陷并没有剥夺她快乐的权利，她始终生活在快乐的心境中。因为她把别人的快乐当作自己的快乐。她说："我把别人眼睛所看见的光明当作我的太阳，把别人耳朵听见的音乐当作我的交响乐，把别人嘴角的微笑当作我的幸福。"应该说，命运对海伦·凯勒是残酷的，但残酷的命运并没有摧残掉海伦·凯勒快乐的灵魂，因为她有着一颗高尚的心。因为这颗高尚的心，使得她忘记了自己的痛苦，而把别人的快乐当作自己的快乐。也正因为如此，使她得到了真快乐。

【相关链接】

只要消灭了特殊，平等自然会来

各位盲童朋友，我们是朋友。我也是残疾人，我的腿从21岁那年开始不能走路了，到现在，我坐着轮椅又已经度过了21年。残疾送给我们的困苦和磨难，我们都心里有数，所以不必说了。以后，毫无疑问，残疾还会一如既往地送给我们困苦和磨难，对此我们得有足够的心理准备。我想，一切外在的艰难和阻碍都不算可怕，只要我们的心理是健康的。譬如说，我们是朋友，但并不因为我们都是残疾人我们才是朋友，所有的健全人其实都是我们的朋友，一切人都该是朋友。残疾是什么呢？残疾无非是一种局限。你们想看而不能看。我呢，想走却不能走。那么健全人呢，他们想飞但不能飞——这是一个比喻，就是说健全人也有局限，这些局限也送给他们困苦和磨难。很难说，健全人就一定比我们活得容易，因为痛苦和痛苦是不能比出大小来的，就像幸福和幸福也比不出大小来一样。痛苦和幸福都没有一个客观标准，那完全是自我的感受。因此,谁能够保持不屈的勇气,谁就能更多地感受到幸福。

史铁生,当代著名作家。代表作《我的遥远的清平湾》《务虚笔记》《老屋小记》《病隙碎笔》等。史铁生先天患有腰椎裂柱,1971年,他的腰病加重。年仅21岁的史铁生因病双腿瘫痪,但他依旧乐观地面对人生,并投身于他热爱的写作事业,写了不少激励几代人的佳作。史铁生一生都与疾病在抗争,用他的话说,"我的职业是生病,业余写点东西罢了"。

自身遭遇的不幸,让史铁生一生都在不懈地探寻着生命的意义,追问活下去的根据和理由。他还将目光投向残疾、弱势群体,并用文学给予他们理解、关爱和尊严。1993年,史铁生写下了这封给盲童朋友的信。在信中,他以切身体验为盲童们讲述了自己对于苦难的认知和对残疾处境的思考。

史铁生先生(图片来源于360图片)

生命就是这样一个过程,一个不断超越自身局限的过程,这就是命运,任何人都是一样,在这过程中我们遭遇痛苦、超越局限、从而感受幸福。所以一切人都是平等的,我们毫不特殊。

我们残疾人最渴望的是与健全人平等。那怎么办呢?我想,平等不是可以吃或可以穿的身外之物,它是一种品质,或者一种境界,你有了就不用别人送给你,你没有,别人也无法送给你。怎么才能有呢?只要消灭了"特殊",平等自然而然就会来了。就是说,我们不因为身有残疾而有任何特殊感。我们除了比别人少两条腿或少一双眼睛之外,除了比别人多一辆轮椅或多一根盲杖之外,再不比别人少什么和多什么,再没有什么特殊于别人的地方,我们不因为残疾就忍受歧视,也不因为残疾去摘取殊荣。如果我们干得好别人称赞我们,那仅仅是因为我们干得好,而不是因为我们事先已经有了被称赞的优势。我们靠货真价实的工作赢得光荣。当然,我们也不能没有别人的帮助,自尊不意味着拒绝别人的好意。只想帮助别人而一概拒绝别人的帮助,那不是强者,那其实是一种心理的残疾,因为事实上,世界上没有任何人不需要别人的帮助。

我们既不能忘记残疾朋友,又应该努力走出残疾人的小圈子,怀着博大的爱心,自由自在地走进全世界,这是克服残疾、超越局限的最要紧的一步。

(资料来源:《只要消灭了特殊,平等自然会来》史铁生写给盲童朋友,1993年,见字如面第一季)

实践活动——发现文化艺术之美

1. **活动宗旨**

通过本次活动，感悟劳动者的奋斗精神和奉献精神。

2. **活动时间**

1周。

3. **活动主体**

全班同学。

4. **活动实施**

（1）把班级成员分成若干小组，前往衡阳市书画苑，参观书法字画等文化艺术作品，近距离感受文化艺术之美，了解作品背后的故事和作者想要表达的深层含义，以小组为单位选出最美的一幅作品，并完成下列表格，准备在班会课上进行交流。

（2）各小组讨论交流，整理参观心得，围绕各自选定的最美文化艺术作品，写一篇以"发现美"为主题的演讲稿，并在班级内进行演讲比赛活动。

（3）评选出最美文化艺术作品、最佳演讲稿、最佳演讲人等。

模块四 提升大学生之"美"

活动记录表

小组名称		组长	
成员及分工	组长：		
	组员1：		
	组员2：		
	组员3：		
	……		
作品名称			
作品简介			
作品之美			
总结感悟			

33

任务二 提升追求美的意识

学习目标

1. 提升遵规明礼、良言善行的意识。
2. 提升重视细节、追求完美的意识。

思维导图

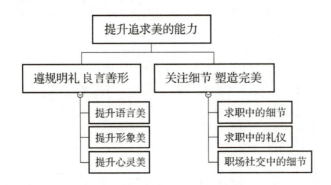

主题讨论

人们追求美，究竟在追求什么？

观点一：美，是人类不懈的追求。俗话说，爱美之心，人皆有之。人的美包括外在美和内在美。我们要注意自己的仪表，体现自己的外在美；更要提高自己的文化素养，加强自己的品德修养，培育美的心灵，使自己更具魅力。

观点二：用康德的话讲："美就是一种无利害的自由的愉悦。"所以追求美的事物就是追求愉悦。

你的观点：_____
_____
_____

请在课前查阅相关资料或者或根据自己的理解，用简要的语言对资料内容进行概括，并形成自己的观点准备课堂发言。

作为现代大学生，提升"语言美""形象美""心灵美"，有助于未来走入职场后更好地开展人与人之间的沟通，有利于和他人进行信息资源共享，有利于更好地被人他人接纳，使我们以更少的时间收获更多的情谊，得到更好的发展。

一、遵规明礼 良言善行

（一）提升语言美

毛泽东同志在《反对党八股》一文中指出，"到什么山上唱什么歌"，"看菜吃饭，量体裁衣"，射箭要看靶子，弹琴要看听众，写文章、做演说、谈话要看对象。这启示我们，在社交活动十分频繁的现代社会生活中，要使说话取得预期的良好效果，就要注意说话的"得体性"。下面举例谈谈应注意的方面。

与人善言，暖于布帛，伤人之言，深于矛戟。
——荀况（战国）《荀子·荣辱》

（1）说话要注意细节。年龄比较敏感。如对方是中老年人可这样询问："您今年多大岁数了？"或"您多大年纪了？"若对方是青年人，可这样询问："你今年多大了？"若对方是小孩，可这样询问："你今年几岁了？"反之，就有可能不得体，不礼貌，或者失礼。又如，在农村对"夫妇"的称呼也因年龄不同而有所不同。老年夫妇泛称"老伴"，男称"老头"或"老汉"，女称"老婆"；中年夫妇，男称"男人"、女称"女人"；青年夫妇，男称"女婿"，女称"媳妇"，当然在城市和知识界，多称为"爱人"。这些区别多与社会心理学有关。

首先，说话要注意词语的多义性。因各地的风土人情、风俗习惯不同，对同一句话也会产生不同的反应。有这么一件事，学校分配来一位籍贯为外地的教英语的大学生，有一次他让学生翻译"凤翔人爱吃醋"的句子，学生认为这句话是对本地人的诬蔑，但他却说："你凤翔人就是爱吃醋嘛！饭厅放一大碗醋，不一会儿就用完了。"后来他才了解到学生所理解的"吃醋"意为"产生嫉妒情绪（多指在男女关系上）"。他如若把那句改为"凤翔人爱吃调味用的醋"就不会引起误解了。所以，要注意词的多义性，用词要严密，以防产生歧义。

其次，说话还要注意词语的广狭义。有许多词有广义和狭义的解释。就拿"作风"一词来说，广义上理解指（思想上、工作上和生活上）表现出来的态度、行为。但在日常生活中，如果对象是男女青年，那"作风"一词的适用范围就比较狭小了，特指男女关系方面。曾有一位年轻的班主任找一位女生谈话，认为她组织纪律性不强，比较散漫，就指出该女生要注意自己的作风，可那女生接受不了，又哭又闹，引起一场不大不小的风波。在口语中，男女青年，尤其是女青年，对"作风"一词十分敏感，最怕别人说自己"作风有问题"。所以，我们一定要注意这一点。

最后，说话要注意真诚友好。谈话内容要谨慎稳重包容人，不说怪话、气话，同时表情语言需一致。说话要观点明确，吐字清晰，语速要适中，音量要恰当。谈话要选择适宜的话题，一般选择高雅的内容和自己擅长的内容，需回避个人隐私及谈话者避忌的内容。

（2）要注意文明用语。谈话中要使用礼貌语言，如：你好、请、谢谢、对不起、打搅了、再见……好吗？等等。在我国人们相见习惯说"你吃饭了吗？""你到哪里去？"等，有些国家不用这些话，甚至习惯上认为这样说不礼貌。在西方，一般见面时先说"早安""晚安""你好""身体好吗？""最近如何？""一切都顺利吗？""好久不见了，你好吗？""夫人（丈夫）好吗？""孩子们都好吗？""最近休假去了吗？"对新结识的人常问："你这是第一次来我国吗？""到我国来多久了？""这是你在国外第一次任职吗？""你喜欢这里的气候吗？""你喜欢我们的城市吗？"分别时常说："很高兴与你相识，希望再有见面的机会。""再见，祝你周末愉快！""晚安，请向朋友们致意。""请代问全家好！"等。

（3）谈话时需注意的言行举止礼仪。首先我们谈话时的表情要自然，语气要和气、亲切，表达要得体。说话时可适当做些手势，但注意手势动作不要过大，更不能手舞足蹈，不可用手指指人。与人谈话时，要注意距离，既不宜与对方离得太远，也不要离得过近，更不要拉拉扯扯、拍拍打打。谈话时注意不要唾沫四溅。参加别人谈话要先打招呼，别人在个别谈话，不要凑前旁听。若有事需与某人说话，应待别人说完。有人与自己主动说话，应乐于交谈。第三者参与说话，应以握手、点头或微笑表示欢迎。发现有人欲与自己谈话，可主动询问。谈话中遇有急事需要处理或需要离开，应向谈话对方打招呼，表示歉意。当谈话现场超过3人时，应不时地与在场的所有人攀谈几句。不能只与一两个人说话，不理会在场的其他人。也不要与个别人只谈两个人知道的事而冷落第三者。如所谈问题不便让旁人知道，则应另找场合。在交际场合，自己讲话要给别人发表意见的机会，别人说话，也应适时发表个人看法。要善于聆听对方谈话，不轻易打断别人的发言。一般不提与谈话内容无关的问题。如对方谈到一些不便谈论的问题，不对此轻易表态，可转移话题。在相互交谈时，应目光注视对方，以示专心。在对方发言时，不左顾右盼、心不在焉，或注视别处，显出不耐烦的样子，也不要老看手机，或做出伸懒腰、玩东西等漫不经心的动作。谈话的内容一般不要涉及疾病、死亡等不愉快的事情，不谈一些荒诞离奇、耸人听闻、黄色淫秽的事情。一般不询问女性的年龄、婚否，不径直询问对方履历、工资收入、家庭财产、衣饰价格等私人生活方面的问题。与女性谈话不说女性长得胖、身体壮、保养得好等话。对方不愿回答的问题不要追问，不究根问底。对方反感的问题应表示歉意，或立即转移话题。一般谈话不批评长辈、身份高的人员，不议论对方国家的内政。不讥笑、讽刺他人，也不要随便议论宗教问题。男性一般不参与女性圈内的议论，也不要与女性无休止地攀谈而引起旁人的反感侧目。与女性谈话更要谦让、谨慎，不与之开玩笑，争论问题要有节制。

（图片来源于360图片）

（二）提升形象美

随着人类的文明进步，人们对自身行为的认识也日益加深，温文尔雅、从容大方、彬彬有礼已成为现代人的一种文明标志。我们对一个人的评价，往往来源于对他的一言一行、一举一动的观察和概括。一些不雅的言行举止，就是有失礼仪的表现，它会影响到一个人的自身形象。所以在一定的场合中，文明规范的举止行为是十分重要的。

1. 正确的站姿

俗话说"站有站相，坐有坐相"，它是对自然美的一种要求，是高雅的基础。就实际而言，由于男女性别方面的差异，因而对其基本站姿又有一些不尽相同的要求。男子要求稳健，女子要求优美。现就站姿的具体要求介绍如下：

（1）规范站姿的基本礼仪。

抬头正首，双目平视前方，嘴唇微闭，面带微笑，自然平和。

双肩放松，稍往下压，使人体有向上的感觉。

躯干挺直，身体重心应在两腿的中央，做到挺胸、收腹、立腰。

双臂自然下垂于身体两侧，或放在身体前后。

双腿直立，保持身体的端正。

（2）男性的站姿。

男性在站立时，一般应双脚平行，大致与肩同宽，通常可采取双手相握、叠放于腹前的前腹式站姿；或将双手背于身后，两手相握的后背式站姿，双脚可稍许开叉，与肩部同宽为限，显示出英俊洒脱、挺拔精神的美感。如果站立时间过久，可以将左脚或右脚交替后撤一步，其身体的重心分别落在另一只脚上。但是上身仍需挺直，伸出的脚不可伸得太远，双腿不可叉开过大。

（3）女性的站姿。

女性脚位应与服装相适应，穿紧身短裙时，脚跟靠近，脚掌分开呈"V"状或"Y"状；穿礼服或旗袍时，可双脚微分，展示出秀雅大方、姿态优美的贤良淑女形象。

2. 正确的坐姿

优雅的坐姿传递着自信、友好、热情的信息，同时也显示出高雅庄重的良好风范。我们经常会见到一些不雅致的坐法，比如两腿叉开，腿在地上抖个不停，或者跷着二郎腿，在一定的场合都是有违礼仪的。现将入座与离座的礼仪介绍如下：

（1）入座的基本礼仪。

在必要的场合中，入座时应注意以下几点：

在别人之后入座。出于礼貌，和客人一起入座或同时入座时，要分清尊卑，先请对方入座，自己不要抢先入座。

从座位左侧入座。如果条件允许，在就座时最好从座椅的左侧接近它。这样做，是一种礼貌，而且也容易就座。

向周围的人致意。在就座时，如果附近坐着熟人，应该主动跟对方打招呼。即使不认识，也应该先点点头。在公共场合，要想坐在别人身旁，还必须征得对方的允许。还要放轻动作，不要使座椅乱响。

以背部接近座椅。在别人面前就座，最好背对着自己的座椅，这样就不至于背对着对方。得体的做法是：先侧身走近座椅，背对着站立，右腿后退一点，以小腿确认一下座椅的位置，然后随势坐下。必要时，用一只手扶着座椅的把手。

（2）离座的基本礼仪。

在离座时，应注意如下几点：

事先说明。离开座椅时，身边如果有人在座，应该用语言或动作向对方先示意，随后再站起身来。

注意先后。和别人同时离座，要注意起身的先后次序。地位低于对方时，应该稍后离座。地位高于对方时，可以首先离座。双方身份相似时，可以同时起身离座。

起身缓慢。起身离座时，最好动作轻缓，不要"拖泥带水"，弄响座椅，或将椅垫、椅罩弄得掉在地上。

从左离开。有可能时，坐起身后，要从左侧离座。和"左人"一样，"左出"也是一种礼节。

3. 正确的走姿

对走姿的要求是"行如风"，即走起路来像风一样轻盈。当然，不同的情况，对行走的要求是不同的。这里所讲的走姿与体育运动中的齐步走、正步走、竞走等是不同的。我们讲的是一般生活中的走路姿势。由于性别、性格的原因以及美学的要求，男女的步态也应该是有区别的。男性走路以大步为佳，女性走路以碎步为美。

（1）男性走姿：昂首、闭口，两眼平视前方，挺胸、收腹、上身不动、两肩不摇，两臂在身体两侧自然摆动，两腿有节奏地交替向前迈进，步态稳健有力，显示出男性刚强、雄健、英武、豪迈的阳刚之美。

（2）女性走姿：女性走路的姿势应当是：头部端正，不宜抬得过高，两眼直视前方，上身自然挺直收腹，两手前后摆动幅度要小，以含蓄为美，两腿并拢，碎步前行，走成直线，步态要自如、匀称、轻盈，显示女性庄重、文雅的阴柔之美。

（3）基本规范：无论男女，走路都应注视前方，不要左顾右盼，不要回头张望，走路时脚步要干净利索，有鲜明的节奏感。不可把手插在衣服口袋里，尤其不要插在裤袋里，也不要掐腰或倒背着手，这些都很不美观。几个人一起走路，应该使自己的步伐与他人的步伐协调一致，既不要走得过快，一个人遥遥领先，也不要走得过慢，孤单单地落在后面，显得与众人格格不入。与上司同行，原则上应该在上司的左边或后面走；男女同行，上下楼梯、开门或在黑暗处均应走在女士前面，以便给予照顾。脚步的强弱、轻重、快慢、幅度及姿势，必须同出入场合相适应。在室内走路要轻而稳，在花园里散步要轻而缓，在病房里或阅览室里走路要轻而柔……总之，步态要因地、因人、因事而异。具有以上仪态举止修养的人，一定可以在社会交往中赢得尊重。

4. **正确的蹲姿**

下蹲的姿势简称为蹲姿，是人在处于静态状态下的一种特殊体位。

（1）常见蹲姿。

高低式。高低式蹲姿，它的基本特点是双膝一高一低。主要要求在下蹲时，左脚在前，右脚稍后。左脚应完全着地，小腿基本上垂直于地面；右脚脚掌着地，脚跟提起。这时右膝低于左膝，右膝内侧可以靠在左小腿内侧，形成左膝高右膝低的姿态。女性应靠紧两腿，男性可以适度地分开。臀部向下，基本上以右腿支撑身体。一般情况下高低式蹲姿会被广大的服务人员采用。而男性服务人员在工作时选用这一方式，往往更为方便些。

交叉式。交叉式蹲姿，通常适用于女士，特别是穿短裙的女士采用。优点在于造型优美典雅。基本特征是蹲下后双腿交叉在一起，即在下蹲时，右脚在前，左脚在后，右小腿垂直于地面，全脚着地。右腿在上、左腿在下，两者交叉重叠。左膝由后下方伸向右侧，左脚脚跟抬起，脚掌着地。两腿前后靠近，合力支撑身体。上身略向前倾，而臀部朝下。

半蹲式。半蹲式蹲姿，一般是在行走时临时采用。它的正式程度不及前两种蹲姿，但在需要应急时也采用。基本特征是身体半立半蹲。主要要求在下蹲时，上身稍许弯下，但不要和下肢构成直角或锐角；臀部务必向下，而不是撅起；双膝略为弯曲，角度一般为钝角；身体的重心应放在一条腿上，两腿之间不要分开过大。

半跪式。半跪式蹲姿，又叫作单跪式蹲姿。它也是一种非正式蹲姿，多用在下蹲时间较长，或为了用力方便时。双腿一蹲一跪。主要要求在下蹲后，改为一腿单膝点地，臀部坐在脚跟上，以脚尖着地。另外一条腿，应当全脚着地，小腿垂直于地面。双膝应同时向外，双腿应尽力靠拢。

在日常生活里，采用蹲的姿势往往较少。在工作场合，除了捡拾地面物品、整理鞋袜外，也用不着用蹲的姿势。

（2）蹲姿应注意的礼仪。

不要突然下蹲。蹲下来的时候，不要速度过快。当自己在行进中需要下蹲时，特别要注意这一点。

不要离人太近在下蹲时，应和身边的人保持一定距离。和他人同时下蹲时，更不能忽略双方的距离，以防彼此"迎头相撞"或发生其他误会。

不要方位失当。在他人身边下蹲时，最好是和他人侧身相向。正面面对他人，或者背部面对他人下蹲，通常都是不礼貌的。

不要毫无遮掩。在大庭广众面前，尤其是身着裙装的女士，一定要避免下身毫无遮掩的情况，特别是要防止大腿叉开。

不要蹲在凳子、椅子上。有些地方，有的人有蹲在凳子或椅子上的生活习惯，但是在公共场合这么做的话，是不能被接受的。

5. 正确的仪容与服饰

在日常社交中，大学生总体上的仪容仪表要朴实、大方、干净、整洁。大学生的衣着要大方合体、干净整洁，要让别人看到青年人身上朝气蓬勃的气质，看到学生特有的文化修养气息。

（1）面容与化妆。

面容作为一个人散发个人魅力、体现外在气质美的"活镜子"，是需要保持一定外在美标准的：面部保持清洁，爱护牙齿；男士要注意刮胡子，修剪鼻毛；早晚刷牙、饮后漱口，保持口气清晰；勤洗澡防汗臭；上课、上班之前不吃有异味的食品等。

除面部的日常清洁护理外，一个人的外在美还需要精神气质的支撑，而这来源于良好的生活和作息习惯。按时休息和充足睡眠是关键，青年人使用手机和电脑的时间必须要严格控制。平时多参加户外活动或有氧运动，饮食上多吃蔬菜、水果和粗粮，少吃油炸、甜食和辛辣食物，特别是不可长期吃方便速冻和外卖食品。这样不仅对皮肤有好处，如果对肠胃的保护较好，还可提升个人的精神气质。另外，坚持适量运动、防止久坐久睡，表现出良好的精神状态，可以给他人一种年轻、开朗、活力的年轻美、气质美。

"清水出芙蓉，天然去雕饰"。塑造职业仪容美的目的是适应人的内在美而创造相应的外在美。美容化妆不是在人的脸上戴上一副粉饰"面具",也不是像戏剧角色那样,画一个面目全非的"脸谱",而是力求塑造一个尽可能"本色"的、趋于完美的容貌形象,使人的内在之美得到充分的外在展现。然而,有些大学生认为,既然是化妆,就要不惜脂粉,"妆"化得越浓越好,越艳越好,越时髦越好,于是刻意妆饰,结果反而掩盖了天生丽质,抹杀了青春活力,降低了自己的品位。因此,职业仪容装扮要注意淡雅自然,不要过于华丽和浓妆艳抹,奇装异服更不可取。

女生不宜化妆太浓,淡妆更使自己具有亲和力和自然美。刻意的浓妆不仅伤害皮肤,也给人一种压抑、冷漠和另类的生疏感。对于大学生来讲,平常没必要化妆,而当有重大的比较正式的场合时可考虑化妆。妆容应该给人自然、精神、得体的感觉。尤其对于面试的大学生来讲,淡妆素抹更为适宜,因为面试大多在白天。尽量不使用带亮片的化妆品,不涂深红色的口红,香水喷洒要恰到好处,指甲要整洁、干净,不要涂成五颜六色。

(2)日常着装的原则。

着装离不开服饰。服饰是服装和饰品的统称,具体包括帽子、围巾、领带、腰带、纽扣、鞋、袜子及手套、拎包、伞及其他饰品等,此外,衣服上的装饰图案和花纹也包括在内。服饰是一种无声的语言,表达着一个人的社会地位、文化品位、审美意识及生活态度,已成为人的仪表的重要组成部分。雅致端庄的着装表示对他人的尊敬,邋遢不洁的着装则是一种不自重的行为。

正如莎士比亚所说的"服饰往往可以表现人格"。为此,在社会交往中,大学生对服饰穿着应当敏感,尤其是与陌生人初次见面时,更应当十分注意,需刻意"装扮"一番,因为初次交往,人们往往"以貌取人"。一个人如果只有优美的仪容、健美的形体,而没有合体的、色彩搭配协调的服饰,则不会有美的形象。

"美是一种创造",恰到好处的服饰能创造美,但并非任何服饰在任何人身上都能产生美感。事实证明,服饰只有与穿着者的体形、气质、个性、身份、年龄、职业及穿戴的环境、时间协调一致,才能真正达到美的境界。

对于在校大学生来说,虽然也是成人的年纪,但在穿着上不能过于浮夸或者成熟,这样就失去了学生的气质。现在随着网购的发展,在校大学生的穿着各有不同,但作为学生还是应该保持简洁、朴实的穿着风格,毕竟属于自己的青春年华，还是要有一个过渡的过程，这样才会让自己的校园生活更加多姿多彩。大学生着装的主要参考标准如下：

根据自己的身型选择衣服。在校学生在选择衣服时，穿着得体才是最重要的，只有根据自己的身型选择服装，看起来才会更加精神。

从舒适度考虑。作为在校学生，最好不要以时尚、炫酷、名牌作为唯一着装标准，应该以穿着舒服、健康和整洁为首要需求，让他人看着舒服才是最合适的穿搭。

保持简单原则。有时我们发现最经典，或最让人舒服的穿搭，其实就是简单，越简单的搭配，会越让人感觉舒适、清爽、精神和年轻。

应避免过多色彩。不管是男生还是女生，在穿衣色彩上不要过多，最好保持在3种颜色以内，这样才会给人一种比较舒适的视觉感受。

坚持休闲为主。大学生主要任务还是学业，因此，以休闲的服装为主，这样才能够呈现出青春气息，而且看起来也不违背学生的身份，为自己留下校园生活的宝贵回忆。

（3）发型的修饰整理。

除了服饰和面容的整理，还需要注意发型的搭配与修饰，一个合适的发型也是仪容中的细节与重点。特别是在求职面试与工作中，往往细节决定成败，也决定了留给他人的第一印象。头发要干净整洁，头发颜色最好呈现健康自然的黑棕色系。不要染过于艳丽的头发，也不要烫不合时宜的发型。选择发型可以参考以下方面：

第一，发型与脸型。

职业女性应该根据脸型来选择恰当的发型，突出个人的优点，展现个人魅力。

椭圆形脸。特点是前额宽于下颚，颧骨是最惹目的重点，而脸庞则从颧位开始适度地修削至微尖的卵形下颚。适合的发型：许多发型都能衬托这样的脸型，关键就在简单，而不应选蓬松的发型，以免破坏完美的脸型。

正方形脸。特点是具有方形的前额，同颧骨和腮边一样宽，而方形有腮骨是显著的特征。适合的发型：一排横过眼眉的小束形刘海会弱化方角感，卷曲和波纹会转移别人对方角的视线。

三角形脸。特点是前额宽而颧骨高，两颊修削至尖小的下颚。适合的发型：配上长至肩位的蓬松发型，使前额看起来较修长。

长方形脸。特点是前额宽度和颧骨和腮边差不多。适合的发型：斜角的刘海或两旁较浓密的发型都可产生阔度上的错觉。

男士发型。男士的头发要清洁，长度要适宜，前不及眉，侧不掩耳，后不及领；不能留长发、大鬓角；每半个月左右理一次头发是最为恰当的。

第二，发型与身材。

身材有高、矮、胖、瘦之别。身材不同的人，在选择发型时，往往会有许多不同的考虑。

身材高大者在发型方面往往可以有比较多的选择，短发、长发皆可，适合选择直发或大波浪卷发，给人以简洁、明快之感。

身材矮小者在选择发型时往往会受到一定的限制。聪明一些的话，最好是为自己选择短发或盘发，以便利用他人的视觉偏差使自己"显高"，给人以秀气之感。千万不要去做长发型，尤其是不要去做长过腰部的披肩发，否则只会令自己显得更加矮小。

第三，发型与职业。

职业男性可选择青年式、板寸式、背头式、分头式、平头式等发型；职业女性的发型应文雅、庄重，如参加宴会或舞会，发型则可以高雅、华丽。从事不同职业的人，可以有不同的风格。例如从事IT行业的人，适合比较个性和时尚的发型；但如果是从事律师行业或在银行工作，最好选择稳重的发型。

【相关链接】

大学生求职面试仪表服饰优秀案例

求职面试时，给人第一印象的往往是你的仪表服饰。初次见面一定要力争给人以整洁、美观、大方、明快的感觉。作为一个年轻人，穿着仪表首先要体现青春和朝气，展示给社会的第一印象应该是大方、整洁。当然，由于招聘单位的不同，对仪表服饰的要求也会有所变化：国家机关进行招聘，希望未来的公务员衣着端庄，体现稳健踏实的作风；公司企业（尤其是外企）注重整体形象的漂亮、明快。毕竟职业装不等于休闲服，衬衫T恤固然轻松，但如果与整体的办公环境不相协调，就会给人一种不良的感觉。职业装强调的是服装与工作性质、场合的统一、协调。

该生在模拟求职情境中较好地展示了自身的优点与铁路乘务专业的特点。整个妆容突出了大学生的朝气与良好的精神面貌。浓淡适宜，五官比例调整适度，服装着装整洁。体态优雅，表情自然，面带微笑，很好地诠释了铁路乘务专业所需的求职与工作职业妆容。（图片来源：湖南高速铁路职业技术学院色彩化妆案例）

大学生职业素养优秀案例

2019年12月湖南高速铁路职业技术学院派出6名学生参加全国铁路院校交通运输专业（铁路客运礼仪）学生技能竞赛。比赛分为3个部分，理论比赛、礼仪操比赛、情景剧展示（结合实际）。其中有来自全国各地18所交通运输类学校参加比赛。高铁职院的6名学生经过了一个半月的集中训练学习在此次比赛中获得了第一名的好成绩。

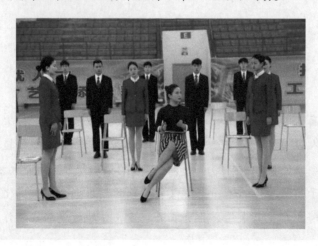

（三）提升心灵美

心灵美，是人的精神世界的美，亦称"精神美""内心美""灵魂美"，包括思想意识、道德情操、精神意志、智慧才能的美。集中体现了社会文明对人的要求，是行为美、语言美、仪表美的内在依据，并通过具体的感性形态被人们所感知。不同时代、阶级有不同衡量标准，在中国社会主义精神文明建设中，为五讲四美三热爱活动的"四美"之一。古希腊柏拉图说"心灵的优美与身体的优美谐和一致"是"最美的境界"，这是"心灵美"一词的发端。中国古代将心灵美称作"内秀""性善""仁""诚"等。孔子提出"里仁为美"，墨子认为"务善则美"，孟子认为"充实善信"是美德之人，只有善的、诚实的心灵才是美的。

1. 心灵美的定义

心灵美是人的本质力量的集中体现，是人类长期社会实践的产物，在教育、学习、磨炼以及同假、恶、丑的斗争中形成和发展，受特定时代的生产方式、生活方式、社会制度、道德准则、文化发展状况的制约。不同时代、阶级的人对心灵美有不同的或某些相似的衡量标准。心灵美包括思想意识的美（如正确的立场、观点、方法、崇高的理想，爱国主义、集体主义思想等）、道德情操的美（如情感、操守、格调的美等）、精神意志的美（如进取精神、创造精神、顽强意志、崇高气节的美）、智慧才能的美（如高度的文化素养、知识才能、聪明睿智等）。心灵美是真、善、美的统一，知、意、情的统一。它是人的行为美、语言美、仪表美的内在依据，并通过具体的感性形态而被人们所感知。集中体现了社会文明对人的思想、感情、意志的要求。

2. 心灵美的内涵

心灵美包含内在美的方方面面，当代大学生应着重注意"善良""诚实""感恩""向上"等重点。

（1）善良。善良，是一个人最高级的心灵美。

泰国有一个很暖心、很治愈的广告片。小男孩母亲生病，没钱买止痛药，他就跑去药店偷。不料，被药店老板发现。小男孩站在那里任由药店老板数落，满是失落。这时，旁边开餐厅的老板主动走过去，帮小男孩垫付了钱，并且做了一份蔬菜汤让他带走。餐厅老板是个心地善良的人，帮助小男孩，不是出于一时同情,因为他也施舍食物给前来乞讨的乞丐。30年后,餐厅老板突然倒地,被送往医院,女儿接到了一份高达80万泰铢的医药单。这个家庭是无力承担的,女儿挂出了房屋出售广告,趴在父亲的病床前哭了一宿。女儿第二天清晨醒来时,收到了另一份医药单,上面显示的数额变成了0。下面有一行小字:你们的医药费,在30年前就还清了。主治医生正是当年被老板帮助的小男孩,为了报答这份恩情,他垫付了医药费,并且竭尽全力地救治曾经的恩人。

马克·吐温说:"善良是一种世界通用的语言,它可以使盲人感到、聋人闻到。"虽然这只是一个广告片,但它让我们洞悉了人性的善良。付出善良后,或许不会马上有回报,但一定会在某个节点,得以弥补。综艺节目《了不起的挑战》中,有一期的主题是感恩。岳云鹏要感恩的是,13年前北漂时,遇到的一个女大学生。当时,岳云鹏只是一个普普通通的餐厅服务员,因为顾客没有支付300元的饭费,被老板扫地出门。城市很大,却没有一处容身之地,走投无路的岳云鹏打算回河南老家。这时,和他一起工作的女大学生跑去找老板,央求老板宽限几天,让岳云鹏继续住在宿舍。然后跑回宿舍,拿了自己的一床被子给岳云鹏。白天拉着岳云鹏的手,带他在北京到处找工作。正是这样,岳云鹏得以继续留在北京。岳云鹏回忆说,在当时那种情况下,那个姐姐就是我的恩人,如果不是她的帮助和鼓励,我可能就回河南老家务农去了。如果当时岳云鹏没有得到女生的帮助,也就没有后来遇见郭德纲、拜师学艺的事情,更不会上春晚、拍电影火遍全国。再见到当年的恩人时,情绪失控的岳云鹏潸然泪下,过往酸楚都涌上了心头。

白方礼老人的故事大家应该都有耳闻。白方礼从70多岁开始蹬三轮,近20年时间为300个贫困孩子捐出35万元助学款。有一次,一所学校搞了捐献仪式。绝大多数捐献者要么是老板,要么是白领,只有他是一个特别穷的老人。他从不吃肉,每顿饭是一碗水,一个馒头,把钱都攒着,给困难的学生。一个冬天,他来到天津耀华中学,递上饭盒里的最后500元,说:"我干不动了,以后可能不能再捐了,这是我最后的一笔钱。"在场的所有老师学生全哭了。白方礼去世后,自发前来为他送行的市民挤满了附近的街道。从某种意义上说,他只是一个不值一提的小人物。可从人性的光辉中打量,他又拥有一颗善良纯粹的灵魂。他的善良正是我们这个冷漠的时代需要的东西。真正善良的人，最后都活成了一束光，温暖了别人，也照亮了自己。

我们有时会觉得，当下的世界很残酷，人性很冷漠。所以，人们总是说，世道变坏了。其实，不是世道变坏了，而是我们变得如履薄冰了。我们开始变得不敢付出真心，不敢亲近旁人，怕被伤害、被辜负。反过来，我们又喜欢跟怎样的人亲近、相处和共事呢？毋庸置疑，一定是善良又真诚的人。可我们却拉起了一道屏障，隔绝了向旁人表达善意的机会，也阻断了别人走向我们的脚步。一个人拥有的地位和财产固然重要，但更重要的是保持一颗善良的赤子之心。

（2）诚信。诚信是公民的第二个"身份证"，是日常行为的诚实和正式交流的信用的统称。

在一般意义上，"诚"即诚实诚恳，主要指主体真诚的内在道德品质；"信"即信用信任，主要指主体内诚的外化。"诚"更多地指"内诚于心"，"信"则侧重于"外信于人"。"诚"与"信"一组合，就形成了一个内外兼备，具有丰富内涵的词汇，其基本含义是指诚实无欺，讲求信用。千百年来，诚信被中华民族视为自身的行为规范和道德修养，在基本字义的基础上形成了其独具特色并具有丰富内涵的诚信观。下面，给大家介绍一些关于诚信的经典小故事。

季布，汉朝人，他以真诚守信著称于世。时人谚云："得黄金百斤，不如得季布一诺。"意思是说，季布的一句话，比金子还要贵重。后来，季布跟随项羽战败，为刘邦通缉，不少人都出来保护他，使他安全地渡过了难关。最后，季布凭着诚信，还受到汉王朝的重用。

清代乾隆年间，南昌城有一点心店主李沙庚，最初，以货真价实赢得顾客满门。但他在赚钱后便掺杂使假，对顾客也怠慢起来，生意日渐冷落。一日，书画名家郑板桥来店进餐，李沙庚惊喜万分，恭请题写店名。郑板桥挥毫题定"李沙庚点心店"六字，墨宝苍劲有力，引来众人观看，但还是无人进餐。原来"心"字少写了一点，李沙庚请求补写一点。但郑板桥却说："没有错啊，你以前生意兴隆，是因为有了这一点，而今生意清淡，正因为少了这一点。"李沙庚感悟，才知道经营人生的重要性，从此以后，痛改前非，又一次赢得了人心，赢得了市场。

商鞅任秦孝公之相，欲为新法。为了取信于民，商鞅立三丈之木于国都南门，招募百姓有能把此木搬到北门的，给予十金。百姓对这种做法感到奇怪，没有敢搬这根木头的。然后，商鞅又布告国人，能搬者给予五十金。有个大胆的人终于扛走了这根木头，商鞅马上就给了他五十金，以表明诚信不欺。这一立木取信的做法，终于使老百姓确信新法是可信的，从而使新法顺利地推行实施。

李苦禅是我国当代著名画家，他为人爽直，凡答应给人作画，从不食言。有一次，有位老朋友请他作一幅画，李苦禅因有事在身，未能及时完成。不久，当他接到老友病故的讣告后，面有愧色，立即画了幅"百莲图"，并郑重其事题上老友的名字，盖上印章，随即携至后院，将画烧毁。事后，对儿子说："今后再有老友要画，及时催我，不可失信啊！"

（3）感恩。意思就是对别人所给的恩惠表示感激。出自《三国志·吴志·骆统传》："飨赐之日，可人人别进，问其燥湿，加以密意，诱谕使言，察其志趣，令皆感恩戴义，怀欲报之心。"

心存感恩，生活会变得更美好。孟郊在《游子吟》中说道："谁言寸草心，报得三春晖。"子女像小草一样微弱的孝心，是否能够报答得了像春晖普泽的慈母恩情呢？

2021年8月5日下午，东京奥运会女子10米跳台跳水决赛场上，14岁的全红婵以466.20分的成绩夺得冠军，她的全套动作完美得让人不敢相信，还被网友戏言："练就了水花消失术。"她能够取得如此优异的成绩，除了自身天赋以外，更多在于她有坚定的信念，有一颗感恩的心，以及她不怕苦、不怕累的努力和自律。全红婵出生在一个农村家庭，家里有五个兄弟姐妹，她排老三，父母靠耕田养活一家人，父母和哥哥是做农活的主力，她做不了农活，就帮忙带弟弟妹妹。本来挺温馨的一家人，母亲却发生了意外，出了车祸。从医院回来后便落下了后遗症，发病时全身肌肉绷紧像抽筋一样，为此不得不时常住院。母亲遭遇车祸后，全部生计和照看孩子的担子便落在父亲身上。

全红婵把这些艰辛全看在眼里，为了减轻家里的负担，希望自己能够变得更优秀，能够赚到钱给母亲治病。所以她平时训练，对自己的要求很高，当被指出技术不行时，就拼命勤加补练。经过千锤百炼之后，她终于取得了傲人的成绩,实现了自己的目标。穷人的孩子早当家。当全红婵接受媒体采访时,记者问她跳水最大的动力是什么,她说母亲治病需要好多钱,她希望自己能赚钱寄回去给妈妈治病。她的同龄人很多都还过着衣来伸手、饭来张口的日子,而全红婵却早早地为家里承担起了责任,承担起照顾母亲和弟妹的责任,她不但为家里争气,还为国争光。麻章区文联的一名干部如此评价全红婵:"事父母以孝,疼弟妹以悌,砺技艺,扬国威,有女如是,夫复何求?"全红婵本应该过着无忧无虑的童年,享受童年天真无邪的乐趣,但她却活出很多成年人无法活出的高度,赢得全世界人民的掌声和敬佩。世上无难事,只怕有心人。只要我们不气馁,不妥协,迎刃而上,终将会活出一段传奇人生。心存感激,所遇皆温柔,心存感恩,所遇皆善良。当我们用感恩的心对待这个世界时,一切美好都会朝我们走来。

二、关注细节 塑造完美

(一)求职中的细节

> **名人语录**
>
> 细节决定成败。
>
> ——[美]罗曼·文森特·皮尔

细节是一种习惯、一种积累,也是一种智慧。细节是一种态度,每个细节都代表着你对工作的态度。细节是一种责任,细微之处彰显你所肩负的使命。细节是极其普通、平凡的,稍不留意,就会从我们身边溜走,一句话、一个动作、一个想法……就像细沙一样微不足道,但我们却不可忽视它。求职是人生目标的选择,在现代社会生活中越来越重要。每一位大学毕业生都渴望找到一个能发挥自己才能的平台成就一番事业。每到就业季,大学生们往返于各种招聘会,通过与用人单位"供需见面"的求职方式寻求理想的工作。但面试的时间很短,大学毕业生们要如何在这短短的几分钟内完美展示自我呢?注重细节,更容易成就自我。

【案例】

无形的介绍信

鲁尔先生要雇一名勤杂工到他的办公室做内勤，最后他挑选了一个男孩。鲁尔先生的一位朋友问，"你为什么挑他，他既没有带介绍信，也没有人推荐。"鲁尔先生说："他带了很多介绍信。他在门口时擦去了鞋上的泥，进门时随手关门，这说明他小心谨慎。进了办公室，他先脱去帽子，回答我的问题干脆果断，证明他懂礼貌而且有教养。其他所有的人直接坐到椅子上准备回答我的问题，而他却把我故意扔在椅子边的纸团拾起来，放到废纸篓中。他衣着整洁，头发整齐，指甲干净。难道这些小节不是极好的介绍信吗？"作为一名普通人，在工作的大部分时间里做的都是一些小事，千万不要小看这些小事，一件件小事就构成了大事，只有把小事做到位，才能做好大事，这样才能得到别人的信任。答应别人的事情，一定要当成是自己的事情来做。

感悟与反思：

（1）对本案例你有何感悟？在求职应聘时应关注哪些细节？

（2）有时细节胜过能力，你如何理解"做好小事，才能成就大事"？

（二）求职中的礼仪

人与人之间的相互交往、人际关系的建立，往往都是从第一印象开始的。"供需见面"的招聘会就是一次与用人单位建立良好第一印象的机会，若想获得面试官的肯定，需要大学毕业生们对自己的整体形象进行塑造。

【案例】

面试的形象

小王是个大大咧咧的男同学，平日里着装随便、不注重仪容仪表，

> 在最初几家公司的面试中，总是以平时生活中的形象展示自己，在应试中也是问什么答什么，表现得十分随意，结果面试屡屡失败。小王找到老师，倾诉自己的苦恼。老师了解后帮助他从好几次失败中总结经验教训，建议他从改变自己的形象做起。首先，每次面试要穿戴整齐，彬彬有礼。其次要训练自己回答问题时的语言组织能力，不再以简单的"是"或"不是"来应答，要抓住机会表现自己的才能，主动阐述自己对问题的看法，做到谈吐自如颇具风度，从而去赢得用人单位的青睐。

感悟与反思：

（1）为什么在面试中要注重仪表？

（2）你将会如何塑造自己的职业形象？

（3）假如一次求职失败，你将怎样安排自己的下一场面试？

（三）职场社交中的细节

一个人在职业场合的言谈举止、形象气质已经不再是纯粹的个人行为，而是与所在工作单位的利益有着密切的联系，在职场中我们不仅需要扎实的职业技能，更需要懂得职场礼仪。

职场礼仪是指人们在职业场所应当遵循的一系列礼仪规范。职场礼仪时刻贯穿于职场生活的点滴之中，它包含仪容、仪态、服饰、言谈、握手、名片、电话、手机、网络、拜访、接待、会务、乘电梯、乘车、宴会、办公室、求职面试等方方面面的礼仪。

1. 拜访

拜访前应提前与对方预约，拜访时间和地点以对方的约定为准。拜访时应提前5分钟到达，如特殊情况不能按时赴约或不能到达时，应提前通知。约定不变的拜访也应在拜访前一天提醒对方，以示尊重。此外，拜访前应注意仪容，检查自己的仪容仪表，以最佳的精神状态拜访对方。

到达时，提前取下围巾等物品，向前台人员自我介绍，由工作人员接待。见到拜访对象时，如果是第一次见面，应向对方问候，并做自我介绍，递上名片，然后提及来意。对方让座，应谢座，座位由主人安排。若主人请上座，则应适当推迟,应坐下座,尽量不坐上座。在拜访过程中应举止文雅,谈吐文明,不卑不亢,落落大方。与对方交谈时客套话少说,尽早将话题转到来意上来,一般15~30分钟说完正事,及时告辞。当进入时正好有其他人员已经在拜访,应在门外等候。

临别告辞时,应起身站立,与对方握手并寒暄,如"打扰了""请留步""再见"等,然后再转身离开。

2. 握手

握手的姿态:双方相对站立,一般距离约一步左右,上身稍向前倾,伸出右手,四指齐并,拇指张开,掌心向内,手的高度大致与对方腰部上方持平,双方伸出的手一握即可。握手时,应面带微笑,注视对方。

(图片来源于360图片)

(1)握手的场合。聚散忧喜皆握手,此时无声胜有声。应该握手的场合有:见面或告别时;表示慰问或祝贺时;与客户交易达成时。

(2)握手的顺序。握手讲究"尊者为先"的伸手顺序,即应由主人、女士、长辈、身份或职位高者先伸手,客人、男士、晚辈、身份或职位低者方可与之相握。具体为:宾主之间,主人应向客人先伸手,以示欢迎;男女之间,男方要等女方先伸手,才能去握手,否则有非礼之嫌;长幼之间,年幼的要等年长者先伸手;上下级之间,下级要等上级先伸手。

(3)握手的时间。握手时间不宜过长或过短,过长会显得过于殷勤,过短显得是应付。礼节性的握手时间以 3 秒钟左右为宜，一般握住对方的手轻摇两三下，最长不超过 30 秒。初次见面者，握手时间一般控制在 3~5 秒，尤其与异性握手时间不宜过长，长时间不放容易引起对方反感。

（4）握手的力度。在一般情况下，握手不必用力，以不握疼对方的手为限度。当然不同场合或不同对象，握手的力度是不一样的，如老朋友、亲密者久别重逢，力度可以大一些；如男人之间握手，通常是紧握，坚定有力；如男女之间握手，则不能握得太紧，只需握一下女士的手指部分。

3. 沟通

良好的沟通是要说对方想听的，听对方想说的。要想达到这个目的就必须进行有效的编码、解码与反馈。沟通构成了我们日常生活的主要部分，每天我们有 75% 以上的工作时间都花在交流沟通上。

（1）积极倾听。沟通的高手首先是倾听的高手，在与他人沟通中，听和说同样重要。说是表达自己，让别人听明白；听是尊重别人，弄懂别人的意思。倾听是双方沟通的关键，倾听能鼓励他人倾吐他们的状况与问题，可令对方知道你能体会他们的感受，同时能协助他们找出解决问题的方法。

（2）求同存异。要想和别人很好地沟通，首先要学会接纳别人，求大同、存小异。当你跟对方说："我可以理解你"的时候，对方会感受到善意的传递。当一个人被接纳时，他会想要有所回报，因此他会打开自己的思考模式，诚恳地问："那你又是怎么认为呢？"这时你才有机会让他接受你的想法。对方心门没有打开之前，真正的沟通很难发生。

（3）积极反馈。沟通双方期望得到的是一种信息的良好交流。在双方的交流中，要让对方了解你对其行为的感受，这些回馈对人们改变行为或维持适当行为起着相当重要的作用，尤其是提供回馈时，最好要以清晰具体而非侵犯的态度提出。

（4）真诚沟通。真诚沟通，指的是沟通时要真心实意、态度诚恳、不虚伪、不说假话。真诚沟通能使双方心心相印，彼此肝胆相照。人的一言一行都是由心而发，能反映出一个人内心的所思所想。当你在沟通时经常替对方着想时，对方就愿意信任你，这种信任会产生神奇的力量。

大学生职业素养

【案例】

大学生职业素养成功案例

　　这是一名高速铁路职业技术学院2018届毕业生，在校期间担任学院礼仪队队长，每周进行不少于4个课时的形体礼仪训练，形象气质出众，职业能力素养强。2018年8月入职常州地铁，担任车辆部信号维护员，因形象气质出众，多次参与公司宣传海报、视频的拍摄，2019年10月因工作能力突出调至综合管理部，负责党务工作。2021年7月获得公司"优秀党务工作者"称号。2021年12月学校到常州地铁走访，该同学作为优秀毕业生代表参加座谈。

实践活动——"我"的职场形象 SHOW

1. 活动宗旨

让同学们对自己的职场形象塑造有一个总体的把握,根据自身特点设计自己的职场发型、职场正装服饰。

2. 活动时间

1周。

3. 活动主体

全班同学。

4. 活动实施

(1)自我观察。学生根据课堂上所学要点,结合自身特点进行自己的职业形象设计。

(2)形象写真。设计好自己的职业形象后,拍摄形象写真。

(3)公开展示。在班级内举行一场"我的职场形象"大走秀,并评选出"最佳职场形象"奖。

(4)总结交流。所有活动行完后,大家一起交流在塑造职业形象中遇到的困惑,分享心得,最后总结出在职业形象塑造中的要点。

活动记录表

姓名		班级	
自我观察	性别：		年龄：
	身高：		体重：
	脸型：		性格：
	其他：		
形象设计说明			
职业形象写真	半身照 （粘贴）		全身照 （粘贴）
总结感悟			

模块四 提升大学生之"美"

提升创造美的素养

学习目标

1. 提升创造文化美的素养。
2. 提升创造艺术美的素养。
3. 提升创造仪容美的素养。

思维导图

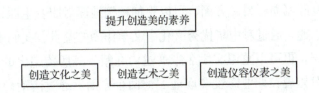

主题讨论

为什么说创造美是每个人都应该具备的能力？

观点一：美的创造，不仅仅是美术生的专利，而是每一个人都应该刻意培养的能力，因为审美可以运用到生活中的方方面面，比如穿衣打扮、装修房子、摆设办公室等，这些都是创造美的能力。

观点二：美是活着和生活的分界线，美也是未来最重要的竞争力。美的修养不是艺术工作者的专属，创造美将是未来每个人都需要具备的素养。

你的观点：_____

_____

_____

请在课前查阅相关资料或者或根据自己的理解，用简要的语言对资料内容进行概括，并形成自己的观点准备课堂发言。

一、创造文化之美

一部优秀经典的文学作品，虽然只有文字，但能在人们的思维中树立美的形象，净化人们的心灵。中国从古代到近现代，直至当代，都有丰富的文学作品能通过其故事背景、现实环境描写和人物精神品格等，给我们提供美的体验，可以启发我们对文学美的想象能力、鉴赏能力和判断能力，也在一定程度上提升了我们对文学美的创造能力。

当我们对中国文学作品的鉴赏力、对善恶美丑的辨别力有一定程度提升后，一方面，在工作中会潜移默化地形成正确的职业态度和习惯，有助于明辨是非、培养良好习惯；另一方面，可以更加积极地面对职业生涯，发现枯燥工作中的点滴乐趣。通过对中华优秀文化中文学作品的鉴赏，我们不仅感受到了文学的意境美，更可以重温文学名家通过内在精神美所传递出的职业品格美，这种品格美可体现在职业态度和职业习惯两个方面。通过陶冶内在美的形式，挖掘文学大师们的职业品格，可以帮助我们促进职业核心素养培育中良好职业态度与习惯的养成。

【课堂活动】《人间词话》读后感

1. 活动目标

王国维先生提出过人生三境界说，第一重境界是"昨夜西风凋碧树，独上高楼，望尽天涯路"，出自晏殊的《蝶恋花》（槛菊愁烟兰泣露），这是指甘于寂寞。第二重境界是"衣带渐宽终不悔，为伊消得人憔悴"，出自柳永的《蝶恋花》（伫倚危楼风细细），这是指坚守理想。第三重境界是"众里寻他千百度。蓦然回首,那人却在,灯火阑珊处",出自辛弃疾的《青玉案·元夕》,这是指豁然开朗。这三重境界越来越高。王国维分别引用了三首词中的名句来比喻成大事业、大学问者,必须经历三个阶段。他认为大事业、大学问不可一蹴而就,须循序渐进经过长期的探索。

通过本次活动,理解王国维的"三重"人生境界。

2. 活动内容

朗读《人间词话》,并完成读后感的写作。

3. 活动流程

(1)每位同学阅读文学作品《人间词话》,进行读后感写作。

(2)评选出优秀作品。

【相关链接】

田园诗人陶渊明

陶渊明,世称靖节先生,东晋末至南朝宋初期伟大诗人、辞赋家。最末一次出仕为彭泽县令,但在住80多天便弃职而去归隐田园。他是中国第一位田园诗人,被称为"古今隐逸诗人之宗"。他的《陶渊明集》包含有诗125首,文12篇,其中田园诗数量最多,成就最高。

《桃花源记》开端先以美好娴静、"芳草鲜美,落英缤纷"的桃花林为铺垫,引出一个质朴自然的化外世界。全篇借武陵渔人行踪这一线索,把现实和理想境界联系起来,通过对桃花源的安宁和乐、自由平等生活的描绘,表现了作者对美好生活的追求和对当时现实生活的不满。文章描绘了武陵渔人偶入桃源的见闻,用虚实结合、层层设疑和浪漫主义的笔法虚构了一个与黑暗现实相对立的美好境界,寄托了作者的社会理想,反映了广大人民的意愿,不仅是对美好生活的向往和追求,也是对黑暗现实社会的否定与批判。古人这种对美好世界的想象能力和精湛的文学表达能力,即便在今天也是可贵的。

年轻时的陶渊明本有"大济苍生"之志,可是,他生活的时代正是

> 易代之际，东晋王朝日益腐败，赋税徭役繁重，加深了对人民的剥削和压榨。在国家濒临崩溃的动乱岁月里，陶渊明的一腔抱负根本无法实现。他上任仅81天便坚决辞官，长期隐居田园，躬耕僻野。
>
> 他虽"心远地自偏"，但"猛志固常在"，仍旧关心国家政事。他固有的儒家观念，令他对当时政权产生了极度的不满，并憎恨现实社会。但他无法改变现状，只好借助创作来抒写情怀，塑造一个与污浊黑暗社会相对立的美好境界，以寄托自己的政治理想与美好愿望。《桃花源记》就是在这样的背景下产生的。
>
> （资料来源：根据百度百科整理）

二、创造艺术之美

艺术作品之美不同于文学作品的想象美，它大都能"看得到""摸得着"。除音乐、舞蹈等形式以外，其他大都以实物为载体收藏于博物馆之中。通过对艺术作品进行鉴赏与创作不仅可学到美育知识，更可激发对实体美丑的辨别能力、对传统美的继承创新能力。艺术鉴赏可开阔眼界，扩大知识领域；可熏陶职业审美，促进社会精神文明建设；可提高艺术修养和职业审美能力，对我们性格、感情、人生观、思想观等有非常重要的意义。

一方面，很多与美学相关的专业性职业岗位面对的实际工作需要较高的艺术审美意识，可称之为专业性职业审美，比如理发师、设计师、摄影师、厨艺师、园林师、化妆师等，都必须具备一定的美学素养来协助工作的开展；另一方面，与艺术创作无关的其他工作也可借助审美能力的提升来丰富工作内容、提升工作效率，可称之为常规性职业审美，比如教师授课、企业管理等往往被人们称为一门艺术。

【课堂活动】神话人物形象的绘画创作

1. 活动目标

现今很多文学经典或多或少都受到神话故事的影响。在文学题材方面，神话故事提供了浪漫主义和夸张手法；从艺术形象角度来说，神话故事为后来的文学创作勾画了主人翁式的雏形。《山海经》中的鬼怪形象被屡次借鉴，如九尾狐的角色，本次活动借用此类古代神话形象，进行绘画作品创作。

2. 活动内容

选择中国神话小说、诗词等，提取创作形象元素，完成绘画作品（作品形式不限）。

3. 活动流程

（1）每位同学收集中国神话小说、诗词的形象元素，进行绘画创作。

（2）开展作品讨论交流，评选出最美绘画创作作品。

【相关链接】

敦煌莫高窟壁画

莫高窟俗称千佛洞，是甘肃省最大的石窟群，也是敦煌石窟群体中的代表窟群，位于敦煌市东南25千米处鸣沙山东麓、宕泉河西岸的断崖上。整体南北长1 600多米，高低错落有致、鳞次栉比，形如蜂房鸽舍，壮观异常。莫高窟不仅是我国著名的四大石窟之一，也是世界上现存规模最大、连续修建时间最长、内容最丰富的佛教石窟群，1987年被联合国教科文组织列为世界文化遗产。

石窟以彩塑为主体，四壁及顶均彩绘壁画，其绘画技艺精湛，色彩绚烂，内容极其丰富。壁画的题材主要有七类：佛像画、传统神话画、佛经故事画、经变画、佛教史迹画、供养人画像（肖像画）、装饰图案画。这些壁画诞生于不同的历史朝代，具有很高的艺术价值，其中盛唐时期的壁画艺术水平最高。

佛教中把空中飞行的天神称为飞天，飞天的形象是敦煌莫高窟壁画的经典名片，也是敦煌壁画艺术的标志。敦煌莫高窟492个窟中，几乎窟窟画有飞天。从艺术形象上说，敦煌飞天不是单一文化艺术形象，而是多种文化复合体，是印度文化、西域文化、中原文化等共同孕有而成的。敦煌飞天的形象不长翅膀,不生羽毛,没有光环,借助彩云但不完全依靠彩云,主要凭借飘曳的衣裙、飞舞的彩带而表现其凌空翱翔。它不仅承载了古人对人物外部肖像美的追求,还承载了古人对美好愿望和虚无空间的想象之美。敦煌飞天作为中国古代艺术家创作的艺术珍品,也是世界艺术史上的一个奇迹。

(资料来源:根据敦煌莫高窟官网整理)

三、创造仪容仪表之美

职业仪容仪表是一个人身处职场特定环境中,自身综合审美水平的集中体现,也是自身内在素养的真实反映。据统计,一个人给陌生人的第一印象超过一半来自其外在仪容仪表的修饰。在职场交往过程中,一个人的仪容仪表会引起他人的关注并在一定程度上影响他人对他的整体评价。职场交往中,人们的仪容仪表反映出个人的气质状态和礼仪素养,是职场交往中的"第一名片"。天生丽质的人毕竟很少,但我们却可以靠适度的修饰、服装和配饰等手段,弥补和掩盖在容貌、形体等方面的不足,在视觉上把自身较美的一面展露、衬托和强调出来,使形象得以美化。

【课堂活动】职场仪容仪表设计

1. 活动目标

通过活动引导学生对职场仪容仪表装扮的设计理念,提升外在美感。

2. 活动内容

主要通过面试案例,指导学生合理搭配不同服装、配饰,以及对面容、发型进行设计与装扮,由教师讲解优缺点及注意事项。

3. 活动流程:

(1)每10个同学一组,每组尽量男女比例相同。

(2)每组选取男女模特各一人,针对教师的面试要求,集体分工给模特搭配服饰、简单化妆及设计发型,需符合职场审美(也可由教师提供模特给学生点评)。

（3）每组选取发言人一人，配合模特展示本小组设计理念和外在形象。

（4）教师综合评分、点评各组优缺点。

【相关链接】

浓妆淡抹总相宜

俗话说"穿衣打扮，各有所爱。"意思是自己喜欢穿什么样的衣服那是个人的事情，与别人没有关系。但是作为职场中的人来说，你的衣着却不仅仅是个人的事。因为，你的衣着要和你的职业身份相符合，身上所穿的衣服，不仅代表了自己的品位，还代表着单位的形象，代表着对别人的尊重。在社交场合，从某种意义上说，你的衣着就是一封无言的介绍信，向你的交往对象传递着各种信息，别人可以从你的衣着上看出你的品位、个性，甚至可以看出你的职业状况。著名影星索菲亚·罗兰就深有感触地说过："你的服装往往表明你是哪一类人物，它们代表着你的个性。一个和你会面的人往往自觉不自觉地根据你的衣着来判断你的为人。"莎士比亚也说过："服装往往可以表现人格。"总之，穿衣是"形象工程"的大事。西方的服装设计大师认为："服装不能造出完人，但是第一印象的80%来自着装。"因此，千万不要掉以轻心！

（资料来源:《公共关系交际礼仪案例》百度文库）

大学生职业素养

提升美的职业素养

学习目标

1. 学会关注细节。
2. 学会追求完美。
3. 学会保持定力。

思维导图

毕业以后，各位同学就要进入职场，开启自己的职业生涯，对于职业与审美的关系，你有何看法？

观点一：从历史上看，职业和审美的统一是人类社会发展的必然要求。也许在以往的时代由于生存斗争的严酷人们必须牺牲审美以提高工作效率，这不过是人为了自身的发展而不得不采取的一时的权宜之计。一旦物质条件成熟，无论是人自身的发展还是人类社会的发展都必然会要求将职业素养与审美统一起来。

观点二：从实践上看，职业与审美的分裂对双方都是一种损害，对人自身更是一种伤害。一方面，失去审美规范的工作很可能使人沦为工作机器，相反如果在工作中增加审美的因素，既可以减轻疲劳提高工作效率，还可以极大地激发人的工作热情，使工作成为一种创造和享受。另一方面，如果不工作只有审美人就很可能沦为消费动物，而审美也会变为一种意义甚少甚至毫无意义的活动。

你的观点：_____
_____
_____

请在课前查阅相关资料或者或根据自己的理解，用简要的语言对资料内容进行概括，并形成自己的观点准备课堂发言。

提升美的职业素养包含很多方面，其中最重要的就是注重细节、精益求精，只有这样才能把工作做得完美，才能把细节做得更好。

> **名人语录**
>
> 治骨角者，既切之而复磋之；治玉石者，既琢之而复磨之；治之已精，而益求其精也。
>
> ——朱熹

一、注重细节

堤溃蚁孔，气泄针芒；细节，决定成败。生活中，一个成功的人与一个失败的人相比，最大的差别往往不是大方向选择上的差别，而是对细节的处理不同所致。一个习惯关注细节的人，一定是一位认真的人，也是一位有责任心、事业心的人，做事不喜欢糊弄了事，而是精益求精、尽善尽美。一个连小事都处理不好的人，千万不要指望他能去干一番大事业，成就未来。注重细节，是一种态度，一种精神，更是一种能力。一个成功的人总是习惯关注细节，从细节中寻找成功的机会。《道德经》中有言："天下难事，必作于易；天下大事，必作于细。是以圣人终不为大，故能成其大。"其实，难事着易、大事做细才是成就事业的根基。有人说："如果人生真有生命线的话，那么这条线是由无数个点组成的，每一个点就是一个小小的细节！"这句话充满了哲理！一个成功，或者优秀的人，往往在于他比别人注意到更多的细微之处。就像汪中求说的，细节不是"细枝末节"，而是用心，是一种认真的态度和科学的精神！正所谓：成也细节，败也细节。无论做人做事，只有关注细节，做好细节，我们才能不断进步，不断完善自己，并取得最后的胜利！比如，达尔文，他是一位世界有名的科学家，他从小就观察花草树木怎样生长，鸟兽鱼虫怎样生活。达尔文在长期的科学研究工作中，观察过许多动物和植物，积累了大量的第一手资料，为他创立进化论提供了可靠的依据。小事成就大事，细节成就完美。细节决定成败，指的是讲究细节能决定事件的走向。对于不清楚，不了解的事物不要轻易下定论，不要让机遇悄悄溜走。也许一个决定，一个微不足道的细节，恰恰决定了你的成败。有一首民谣是这样说的："丢失了一个钉子，坏了一只蹄铁；坏了一只蹄铁，折了一匹战马；折了一匹战马，伤了一位国王；伤了一位国王，输了一场战斗；输了一场战斗，亡了一个帝国。"成也细节，败也细节。什么是细节？一般来讲，细节就是细小的事物、环节或情节。可以形象地说，细节是转动链条上的扣环，是千里钢轨上的铆钉，是太空飞船上的螺丝……认识到细节的重要性，保持耐心，让自己从最细微的地方开始，养成良好的习惯，合理分配自己的精力和专注力，用开放创新的思维提高对细节的掌控。

二、精益求精

现代汉语中，"精益求精"的意思是学术、技术、作品、产品等好了还求更好。《诗》云："如切如磋，如琢如磨。"朱熹说："言治骨角者，既切之而复磋之；治玉石者，既琢之而复磨之；治之已精，而益求其精也。"这就道出了"精益求精"一词的丰富内涵。从古至今，大凡功勋卓著者，多是勤奋务实、追求完美之人。历经时代淘洗与先贤实践，精益求精的精神已融入国人血液，并日见厚重。近年来，人们耳熟能详的"工匠精神"，亦可视为新时代对精益求精的另一种注解与诠释。在纷繁的社会中，我们只有沉下身、静下心，术业专攻，才能抵达新境界，精益求精，收获精彩。

精益求精，收获事业的精彩。精益求精，就要每做一件事，都将自身潜力发挥到极致。曹雪芹于悼红轩中"披阅十载，增删五次"，"字字看来皆是血，十年辛苦不寻常"。在字斟句酌、精益求精的精神指引下，《红楼梦》震撼世人。齐白石画的虾精妙绝伦，他对画艺的求索不曾终止。70岁时，在不损害真实性的情况下，他作画有意精减虾腿数；78岁时，虾的后腿只剩5只；80岁以后，他笔下的虾真正达到了炉火纯青的地步：精确的体态，富于弹力的透明体，在水中浮游的动势……艺术造型中讲求的"形、质、动"三要素都臻于完美境界。

精益求精，收获生活的精彩。精益求精的意义不仅在于助益事业成功。若能使精益求精成为一种习惯，融入血液，那么我们的生活也能变得更加美好。实际上，每个人都有"心向往之"的生活，很多人也在规划并践行属于自己的美好生活。然而，也有一些人消极应付，把自己原本理想的生活搞得一塌糊涂，一副好牌打成烂牌。例如，有人在追求所好的路上越走越远，因失掉底线而变得贪婪疯狂。最终，原本的"雅好"变为低级趣味，自己也走上玩物丧志的道路。为避免凡此种种的问题，我们应学习以真善美的标准要求自己，有意培养精益求精的生活习惯，处理问题时尽量思虑周全。只有在才、情、趣方面不倦怠、不走形，持续寻找生活的真谛，方能将生活打造得绚烂精致。

精益求精，收获人生的精彩。改革先锋、最美奋斗者许振超爱岗敬业，视拥有精湛技艺为人生要义，在日常工作中不断改进、不断超越。试想，如果他拿出"差不多"的人生态度，放弃自我较真的狠劲，不把精益求精视为人生追求，如何能练就"一钩准""一钩净""无声响操作"等绝活，如何能带出"王啸飞燕""显新穿针""刘洋神绳"等工作品牌呢？

列夫·托尔斯泰曾说，人类的使命在于自强不息地追求完美。追求完美，需要不畏艰苦，日复一日，在风雨中接受洗礼，接受精益求精的千磨万击，持续激发深藏内心的勇气和信心。坚决与"差不多"先生划清界限，敢于探索，勇于奋斗，步履不停，追求极致，让精益求精接地气、冒热气，方能创造辉煌业绩，收获人生精彩。

三、保持定力

在现实生活中，有的人总是急功近利，急于求成，心情浮躁，静不下心，守不住寂寞，有的人想获得成功却又不想付出辛勤的汗水，想获得知识学问又不想坐冷板凳，害怕寂寞和孤独。世上哪有这样的好事呢？任何成功取得都要付出艰辛的努力，天上是不会掉下馅饼的。做人心情不能浮躁，人心浮躁了，就会静不下心来思考问题，更不能够安心读书学习，在这多元化的社会，做人要读书、学习，也要静下心来思考人生，只有这样，才能保持清醒的头脑，不被物欲所惑，不被金钱所迷。曾子云："吾日三省吾身。"做人需要自省，如此才能做个明白人，做最好的自己。一个人心浮躁了就会失去自我，失去自信，也会忘记初心，成为一个盲目跟风、人云亦云的人，这样就会迷失人生前进的方向。做人心情浮躁了，便会体现在做事情上，遇事就会急躁，做事马虎，没有定力，今天干这，明天干那，学习缺乏毅力，工作没有拼劲，成天忙碌在急躁之中。在急忙的慌乱中，工作无头绪，学习无章法，胡子头发一把抓，如此是难以成就自己事业的。一个人要干成一件事需要有耐心和定力，不能急躁。在这个世界上要成功不是轻而易举的，非要下苦功不可。

拿学习书法来说就是如此，要想学好书法就要有长期练习的打算，首先要从练习古帖开始，从正楷开始练起，不能粗心大意，更不能有半点马虎，只有长期练习才能有收获。可是有的人练习书法没有一年半载功夫，心就急了，就想着成名，就想着成家，心情急躁，于是便开始走所谓的捷径，以书写丑书来赢得人们的眼球，如此心态是练习不好书法的，是急功近利的表现。一个人心情浮躁，做事急躁是一种不良的心态，必须给予校正。做事只有静下心来，守住寂寞，不怕孤独才能人静，心静，如此才能做到厚积薄发，做出自己的学问和事业来。做人要遵循事物的发展规律，不能干拔苗助长的愚蠢事。人的心态决定人生，心态不好总是弱者，心态好才是强者。人要有一个好心态，就要消除浮躁心态，从加强自身的修养开始。古人云："静以修身，俭以养德。"人不修身，就会心情浮躁，就没有定力，更没有毅力，人生如同脚踏西瓜皮，滑到哪里算哪里。做人需要心静，尤其是在这个浮躁的社会，一个人不静心思考，不静心悟人生之道，就会迷失自我。

【相关链接】

湘绣传递内在美

从事湘绣行业几十年的中国工艺美术大师、国家级非物质文化遗产项目湘绣代表性传承人柳建新认为,"坚持传承需要颗坚守的心,最重要的是必须秉承工匠精神"。

1951年,柳建新出生于号称绣女之乡的长沙县望星乡。"小时候就喜欢绣,找片树叶都要绣上几针"。对湘绣的痴迷,让柳建新几十年来一直坚持耕耘在绣架旁。"40多年,我没停过针!""一天不挑上几针,感觉浑身难受!"一番话情真意切。长期的坚持,既让柳建新练就了一身非凡的技艺,也让柳建新在一次次比赛与活动中脱颖而出。1995年,她的作品大型绣屏《松龄鹤寿》献礼给第四次世界妇女大会,让世界惊讶于湘女的巧手。1998年,其作品《牡丹》获首届中国民间艺术博览会金奖。

1996年,从湖南省湘绣研究所退休的柳建新不愿放弃自己喜爱的湘绣艺术事业,借了50多万元在清水塘的古玩文化街,办起了长沙第一家湘绣民营企业——湘女绣庄。这是一个不足10平方米的门面,出售的大都是她一针一线亲手绣制的绣品。购买者络绎不绝,第一个月就净赚6万多元。

2003年初,柳建新萌发了创作一幅以迎接2008年北京奥运会为题材的湘绣的念头。为此她3次赴黑龙江省扎龙自然保护区观鹤,并到全国各地收集资料。在创作过程中,她多次邀请中国工艺美术大师宋定国、著名长卷画师廖正华等对其画稿进行审核、修改。六易其稿后,柳建新才将画稿拓上绣缎。在刺绣过程中,柳建新与511位刺绣专家反复揣摩针法和色调,共使用了数百种色阶丝线,运用了掺针、鳞针、羽针、施针、毛针、游针等多种湘绣针法,历经3年,施针2.2亿多次,终于完成这幅宏伟的湘绣长卷。之所以要以鹤为题,柳建新表示,鹤是祥和、长寿、健美的象征,1 001只形态各异的仙鹤,寓意全国人民"万众一心"。

功夫不负有心人。2008年,作品《千鹤图卷》获中国传统工艺美术精品大展金奖。这部作品据专家估值,高达2 500万元,它也成为史上最长的湘绣。

　　2008年,柳建新召回在外地工作的女儿刘雅一起传承湘绣艺术。在第十一届中国工艺美术大师作品暨国际艺术精品博览会上,刘雅与母亲共同完成的鬅毛针湘绣作品《银虎》,获得"百花杯"中国工艺美术精品金奖。2013年6月11日17时,母女俩共同完成的绣品《长城》和"神十"一起飞向蓝天。

　　湘绣创作过程是将内在美传递到外在作品形象上的过程,我们在职业领域也要像柳建新一样,用内在美的心灵去熏陶自己职业审美的外在形象。

（资料来源：根据《湖南日报》2013年7月16日《走近大师》之二整理）

高等职业教育创新型教材

大学生职业素养
（共5册）

册五 强化大学生之"劳"

吴伟生 李 龙 杨东方 编著

北京理工大学出版社
BEIJING INSTITUTE OF TECHNOLOGY PRESS

版权专有　侵权必究

图书在版编目（CIP）数据

大学生职业素养：共 5 册 / 吴伟生，李龙，杨东方编著 . -- 北京：北京理工大学出版社，2022.10（2024.3 重印）

ISBN 978-7-5763-1767-1

Ⅰ.①大… Ⅱ.①吴… ②李… ③杨… Ⅲ.①大学生 – 职业选择 Ⅳ.① G647.38

中国版本图书馆 CIP 数据核字 (2022) 第 192321 号

出版发行 / 北京理工大学出版社有限责任公司
社　　址 / 北京市海淀区中关村南大街 5 号
邮　　编 / 100081
电　　话 /（010）68914775（总编室）
　　　　　（010）82562903（教材售后服务热线）
　　　　　（010）68944723（其他图书服务热线）
网　　址 / http://www.bitpress.com.cn
经　　销 / 全国各地新华书店
印　　刷 / 北京虎彩文化传播有限公司
开　　本 / 710 毫米 × 1000 毫米　1/16
印　　张 / 16.75　　　　　　　　　　　　　　责任编辑 / 李慧智
字　　数 / 224 千字　　　　　　　　　　　　　文案编辑 / 李慧智
版　　次 / 2022 年 10 月第 1 版　2024 年 3 月第 3 次印刷　　责任校对 / 周瑞红
定　　价 / 54.80 元（共 5 册）　　　　　　　　责任印制 / 李志强

图书出现印装质量问题，请拨打售后服务热线，本社负责调换

目 录

模块五　强化大学生之"劳"……………………………………………1
　　任务一　树立尊崇劳动的价值理念……………………………………6
　　任务二　养成诚实守法的劳动素养……………………………………13
　　任务三　培养奋斗奉献的劳动精神……………………………………20
　　任务四　提高主动创新的劳动能力……………………………………32

参考文献………………………………………………………………45

模块五

强化大学生之"劳"

任务一　树立尊崇劳动的价值理念

任务二　养成诚实守法的劳动素养

任务三　培养奋斗奉献的劳动精神

任务四　提高主动创新的劳动能力

模块五 强化大学生之"劳"

学习目标

1. 劳动光荣,树立热爱劳动的劳动观。
2. 诚实守法,养成勤于动手的劳动素养。
3. 奉献奋斗,弘扬艰苦奋斗的劳动精神。
4. 守正创新,培养勇于创新的工匠精神。

思维导图

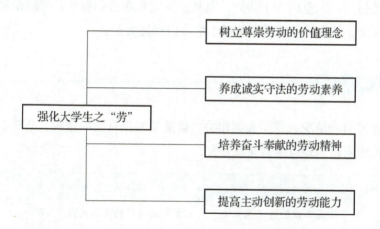

导读摘要

劳动是人类的本质活动,劳动光荣、创造伟大是对人类文明进步规律的重要诠释。大学生是否具有正确的劳动意识,与大学生的成长成才息息相关,更关系到社会主义事业的继承与发展。目前,大学生中存在轻视劳动、好逸恶劳、"新式"浪费等不良现象,成为大学生就业的"拦路虎"之一。面对激烈的社会竞争，大学生除了要在科学知识、职业技能方面有所储备外，还应多参与一些劳动，养成热爱劳动的习惯，培养能劳动、能吃苦的精神，自愿到基层一线艰苦奋斗，自觉树立与困难做斗争的良好择业心态，就会得到更多的就业机会。

目前，很多家庭还是重书本知识、轻劳动与技术，认为劳动教育无关考试和升学，因此可以舍弃。据调查，只有三分之一的家长"要求孩子每天洗碗或连续做其他家务劳动"，三分之一的家长不要求孩子做家务，三分之一的家长也只是提醒孩子应该做家务。67.12%的家庭，家务活由父母承担；还有32.31%的家庭，家务活由爷爷奶奶或外公外婆承担。这种"全面服务""包办代替"有意无意中剥夺和取代了孩子们锻炼的机会，使孩子们逐渐养成了一定的惰性和依赖性。

"现在很多小学生都是衣来伸手饭来张口，做完作业就是看手机、玩游戏；中学生不少是'两耳不闻窗外事，一心只读圣贤书'；大学生则是小事不愿做，大事不能做……"业内人士认为，究其原因就是在劳动观念、劳动精神、劳动知识与技能、劳动习惯与品质等基本素养方面需要加强。

主题讨论

请根据自身情况，课前查阅相关资料或者根据自己的理解，完成下表的填写，并形成自己的观点准备课堂发言。

劳动素养	课前讲一讲	课前写一写	备注
劳动观	你最喜欢的劳动名人名言是哪句？讲讲原因	如何提高自己的劳动兴趣、劳动习惯？写300~500字	
劳动特长	你最拿手的菜是什么？讲讲制作过程	如何提高自己日常生活中的必备劳动特长？写300~500字	
技能劳动	你未来的"一技之长"是什么？跟大家讲讲	如何提高自己专业实践中的劳动技能？写300~500字	
创新劳动	你的一个小发明是什么？讲讲可以解决什么问题	如何提高自己解决问题、克服困难的创新思维？写300~500字	

模块五 强化大学生之"劳"

你的观点：_____
_____
_____

任务一 树立尊崇劳动的价值理念

学习目标

1. 劳动最伟大，尊重劳动人民。
2. 劳动无贵贱，尊重劳动方式。
3. 劳动最美丽，尊重劳动成果。

思维导图

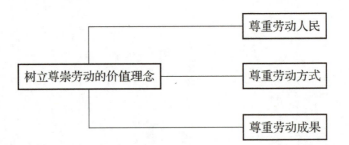

主题讨论

针对"新时代的大学生应该开设劳动课"进行讨论

观念一：

劳动课帮助学生更好地认识技能的重要性，从而意识到自身权利与义务的统一。随着教育普及和经济发展，一些大学出现了重理论、轻实践的现象。大学生应该德智体美劳综合发展，不要"只上得了厅堂，下不得厨房"。劳动课中理论教育的意义在于培养学生劳动意识，明确何为劳动、为何劳动以及劳动的意义所在。打扫卫生是劳动行为，科技研发也是劳动行为，我们不能片面地把劳动划定在一个狭小的范围内。劳动是维持生活的基础，是社会赋予个人实现人生价值的权利保障。它既是人人必备的基本生活技能，也是创造物质财富的根本途径。而劳动实践教育则引导大学生用劳动承担义务、回报社会，让学生投身劳动、体验劳动，在劳动过程中学习进步。

观念二：

高校开设劳动课帮助大学生更为深刻地理解专业内涵。高校的部分专业课程培养方向偏向于理论教育，缺乏相应实践帮助学生巩固理论知识。正所谓，读万卷书，不如行万里路。目前仍广泛存在的以理论知识教育为主体而缺少劳动实践的教育模式，不利于学生对理论知识的运用与创新。我们不能仅以阅读背诵来记忆先辈们通过劳动获得的知识真理，只有通过参与实践劳作，才能全面了解知识观念的本质、了解专业内涵，全方位提升自身学业水平，激发创新意识。

你的观点：_____
_____
_____

请在课前查阅相关资料或者根据自己的理解，谈一下高校开设劳动课的必要性，形成自己的观点准备课堂发言。

"民生在勤，勤则不匮。"中华民族是勤于劳动、善于创造的民族，中国人民是具有伟大创造精神、伟大奋斗精神、伟大团结精神、伟大梦想精神的人民。在几千年历史长河中，中国人民始终辛勤劳作、发明创造，今天，中国人民的创造精神正在前所未有地迸发出来，推动我国日新月异向前发展，大踏步走在世界前列。今天，中国人民拥有的一切，凝聚着中国人的聪明才智，浸透着中国人的辛勤汗水，蕴含着中国人的巨大牺牲。习近平总书记指出："在我们社会主义国家，一切劳动，无论是体力劳动还是脑力劳动，都值得尊重和鼓励；一切创造，无论是个人创造还是集体创造，也都值得尊重和鼓励。"

1. 尊重劳动人民

劳动光荣，成就梦想；劳动者伟大，创造历史。纵观历史，从"宁愿脏一人，换来万家净"的时传祥，再到腊月寒冬跳进泥浆，只为排除油田问题的"铁人"王进喜，到如今，早出晚归的环卫工人、在路上奔波送外卖的外卖小哥，他们都是用自己的双手和勤奋劳动为社会做贡献的人。每一位辛勤工作的人，都值得我们尊敬。

【案例】

每一位劳动者都应该被尊重

2021年12月6日，合肥一外卖骑手前往安徽新闻出版职业技术学院送奶茶，因配送问题遭到一女学生辱骂。明明是这位女大学生自己填错了地址和电话号码，但却对提出正当诉求的配送员各种谩骂侮辱，她难道不该反思一下自己的行为吗？人的财富有高下之别，但人格尊严，没有三六九等之分，每一位劳动者，都值得、也应该被尊重。

河南某地一位民工大爷上了公交车，司机竟然嫌弃其身上脏不让其乘车，还呵斥了这位农民工，后来双方就发生了口角。此事被媒体曝光后，公交公司对司机做出了停班罚款的处理决定。

从上述事件中，我们不难看出，当下社会依旧有不少人存在职业歧视。劳动创造了世界，劳动创造了人类的幸福生活。举目当下，有哪一样社会财富不是普通劳动者的"心血之作"？这些劳动者们像一个个不停运转的小齿轮维系着社会这台大机器的正常运转。劳动从来就没有高低贵贱之分，所谓"三百六十行，行行出状元。"劳动者也不应该被打上任何有歧视意义的标签，不应该受到任何非议，更不应该被瞧不起。习近平总书记也曾强调："任何时候任何人都不能看不起普通劳动者。"[①] 对劳动者报以尊重是必须的，因为劳动者，也是创造者，是奋斗者，更是追梦人。在中国由贫穷落后走向强大、走向

---

① 选自：习近平总书记在2015年庆祝"五一"国际劳动节暨表彰全国劳动模范和先进工作者大会上的讲话。

复兴的伟大进程中,一代又一代的劳动者奉献了时间、精力甚至生命,推动了社会的发展进步,推动了祖国的繁荣富强。可以说,尊重劳动者,即是尊重时代、尊重我们自己。

2. 尊重劳动方式

劳动是人类社会的基础,是人的生活和幸福的源泉。社会分工有不同,但每一种劳动方式都值得尊重。恩格斯说"劳动创造了人类",劳动是人之所以为人的重要标志,是人得以存在的基础,是人对自身的确认。通过不同的劳动方式,人类社会不断发展壮大,人类不断取得新的成绩。

【案例】

在厦门大学海洋底栖生物学实验室里,许多研究生都有过"养鲍鱼"的经历。育苗、搭建养殖装置、投喂饵料。他们想尽办法成为一名合格的"鲍鱼养殖户"。为了给鲍鱼提供更好的养殖环境,他们常常穿着水裤,下到半人高的养殖池里挑拣出死亡的鲍鱼个体。看似简单的步骤,却十分考验体力与耐力。在海上养鲍鱼的学生所处的环境则更加严苛,养殖浮筏随着海浪摇摇晃晃,加上风吹日晒,在上面作业的学生经常一不小心就晕船了。有些学生将研究融入养殖中,比如设计了十多种鲍鱼饵料,探寻摄食不同物质对鲍鱼生理生化的影响,助力新型饵料的研发;有些学生则以此为后期研究打下基础,如将鲍鱼放置到不同纬度的海区养殖,以获得实验所需的特殊材料。

大学生必须深刻认识劳动是一切成功的必经之路,博学笃行、脚踏实地,扎根于脚下朴素的土地,将论文书写在祖国大地上,为热爱的事业抛洒汗水,通过劳动获取真知、深研学术,通过劳动实现从"所学"到"所为"的跨越。

3. 尊重劳动成果

劳动成果是指人类通过创造物质或精神财富的活动而形成的工作或事业上的收获。在日常生活当中,我们不仅要尊重他人,还要尊重他人的劳动成果。如何尊重他人的劳动成果?劳动成果分很多方面。大到一个专利的发明,小到扫地擦地等，不管是什么样的劳动成果，都应该尊重，不去破坏。

近年来一些青少年中出现了不珍惜劳动成果、不想劳动、不会劳动的现象，劳动的独特育人价值在一定程度上被忽视，劳动教育正被淡化、弱化。在很多大学的校园里，不尊重他人劳动成果的行为屡见不鲜。整洁的桌椅成为部分大学生才华展示的"舞台"，课桌文化似有愈演愈烈之势；宿舍的墙壁上脚印、球印漫天飞舞，甚至还有大字报和情书；校园里的垃圾桶总是"吃"不饱，而塑料瓶、废纸、包装袋却散落一地，等等。我们每一个人都是劳动者，都希望别人尊重自己的劳动成果。当我们每一个人都尊重别人的劳动，那我们带给别人的将是方便和舒适，自己也会从这样的环境中受益。大学生要从思想上意识到劳动的目的和价值，树立"劳动最光荣""劳动最高尚""劳动最伟大""劳动最美丽"的崇高理念，理解和形成科学的劳动观，珍惜所有的劳动果实，痛恨破坏和浪费，仇视剥削、鄙视好逸恶劳，致敬劳动者，珍惜新生活。

【相关链接】

"大国工匠"朱林荣："焊卫"高铁安全，永远追求极致

高铁时代，动车组列车飞驰的背后，凝聚了无数人的辛勤与智慧。朱林荣就是一名高铁安全的"焊卫者"，他用35年时光铸造着高质量的长钢轨，为列车的平稳运行保驾护航。

（1）"每一道工序都要达到满分"

如今，旅客乘坐高铁动车，已经很难听到"哐啷哐啷"的撞击摩擦声，取而代之的是"嗖，嗖，嗖……"飞驰的声音，这正是长钢轨发挥了作用，减少了钢轨接头间的撞击，让列车行驶得更加平稳。

"500米的长钢轨，是由5根百米钢轨经过12道关键工序的加工，最终被焊接而成。""长钢轨的焊接工艺复杂，科技含量高，钢轨接头顶部行车面的平直度要控制在每米0.1~0.3毫米，接头导向面平直度要控制在每米−0.2~0.1毫米，相当于5根头发丝那么粗细。"焊接一根500米

的长钢轨，首先需"焊轨师"对钢轨母材进行几何尺寸、表面伤损检测，然后经过除锈除湿、配轨、焊接、焊后粗磨、热处理、钢轨时效、精调直、精铣、接头探伤、接头平直度检测等12道关键工序，最后经检验合格才能出厂。"对于焊轨而言，流水线上每一道工序都至关重要，前一道工序中出现疏漏都会直接影响到下一道工序的开展。"朱林荣要求，"每一道工序都要达到满分！"

（2）简单一小步成就创新一大步

1993年，为了引进钢轨焊机，朱林荣去瑞士学习，感受到那里的现代化。同样是焊轨，那里的一个车间就只有四五个工人，这让他很震惊。从那时起，朱林荣就下定决心，要创新工艺，优化设备，解放技术工人的双手。多年来，他主持或参与的科研项目多次获原铁道部、上海铁路局、上海市科技成果奖，他提出的合理化建议多次获得上海铁路局合理化建议奖。在长钢轨焊接流程中，处处都有朱林荣的研究成果。

钢轨焊前除湿装置就是其中之一。朱林荣介绍，焊接过程中钢轨需要保持干燥，雨雪天气对焊接工作会产生很大的影响。遇到这种情况，有的厂干脆停产等雨停，等钢轨自然风干，有的厂则人工将钢轨擦干。前者耽误工期，后者耗费人力，怎么解决呢？钢轨焊前除湿装置就是朱林荣想出的解决方法，该装置集除冰、除湿、除浮锈为一体，通过机械擦拭和风干，解决了特殊天气下难以开展工作的问题。流水线上的很多工序中，都实现了半自动化，将简单却耗时的工作交给机器处理。朱林荣打趣说："科技的发展，可以让人类合理'偷懒'。"

在采访中，朱林荣最津津乐道的就是他发明的"三个罩子"。第一个是在空气压缩机上设计了一个风罩和消音器，解决了工作环境温度过高带来的机器趴窝问题和空气压缩机声音过大带来的扰民问题。第二个是在钢轨除锈环节的除尘装置，它的除尘效果达到了80%，优化了工人的工作环境。第三个是在焊机上的"除烟罩"，它有效降低了焊轨时产生的锰蒸汽给工人带来的不适感。

"这些改进看似简单，但切实地解决了实际问题，而我们就是要用这些简单的办法来解决工作中点点滴滴的问题。"朱林荣说。

（3）"没有最好，只有更好"

设备的改进可以提高生产效率，优化工作环境，但也对工人素质提出了更高要求。朱林荣认为，被先进设备解放了双手的技术工人不能"只会按按钮"，而要了解机器的运行原理和维修知识，不断提升自己，才能越做越好，保证钢轨品质。"没有最好，只有更好。"朱林荣眼中的工匠精神，也体现在他的人生轨迹中。工作上，他从实习生、电工到安全员、技术员，再到助理工程师、工程师、高级工程师，一直在实现着更高的目标。学习上，1982年技校毕业后就参加工作的他不忘提升专业理论水平，1988年毕业于上海轻工业专科学校夜大学电气自动化专业，2001年毕业于上海第二工业大学工业电气自动化专业。

1998年起，他参与了我国首台提速区段无缝线路钢轨脉动闪光焊机的研制，开创了我国移动式钢轨闪光焊机国产的先河；2002年，他参与了国产首列焊轨列车的研制并在京九线得以成功运用；后续又参与移动焊轨基地的设计、安装、调试和应用，为上海城市轨道交通线焊接长钢轨提供了条件……他总是说："想法和实际实施之间会存在很多问题和困难，但只要有决心，就一定能克服这些困难。"

（资料来源：彭新宇《职业素养的诊断与提高》，电子工业出版社2018年版）

模块五 强化大学生之"劳"

养成诚实守法的劳动素养

1．激发劳动内驱力，养成自觉劳动的意识。
2．吃苦耐劳，养成诚实劳动的意愿。
3．遵守劳动纪律，养成守法劳动的意志。

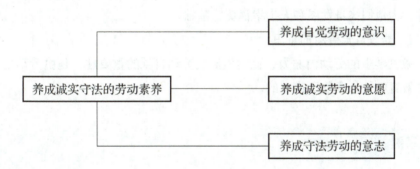

为什么要在社会中大力倡导诚实劳动、
反对不劳而获，原因是什么？

观点一：我们要在全社会大力弘扬劳动精神，提倡通过诚实劳动来实现

13

人生的梦想、改变自己的命运，反对一切不劳而获、投机取巧、贪图享乐的思想。

观点二：人世间的美好梦想，只有通过诚实劳动才能实现；发展中的各种难题，只有通过诚实劳动才能破解；生命里的一切辉煌，只有通过诚实劳动才能铸就。

你的观点：_____
_____
_____

请在课前查阅相关资料或者或根据自己的理解，用简要的语言对资料内容进行概括，并形成自己的观点准备课堂发言。

要通过劳动教育，提高大学生的劳动素养，促进他们形成良好的劳动习惯和积极的劳动态度，使他们明白"生活靠劳动创造，劳动使生活更美好"的道理，并在各种劳动中，丰富情感、明白事理、养成习惯，逐步提高实践能力、社会责任和创新精神等综合素养，培养他们勤奋学习、自觉劳动、勇于创造的精神，为他们终身发展和人生幸福奠定基础。

1. 养成自觉劳动的意识

激发学生的劳动内驱力、让学生形成劳动自觉的重要性，是由劳动之美和劳动教育的价值意蕴所决定的。

【案例】

大学生劳动观令人担忧

国内一机构调查显示，在一项访问对象为800名大学生的调查中，78.5%的受访者认为体力劳动没有必要，其中43.3%没有体力劳动习惯，少数同学觉得参与家务劳动"很没面子"。一些大学生们或看不起食堂、宿舍、体育馆等场所的保安和保洁人员，甚至有不愿意与农村父母走在

> 一起的思想。有的个人衣被鞋袜从来不洗，逢假过节大包小包往家里带，学校洗衣房更是人满为患。在这些同学眼里，他们的主要任务就是"学习"。

自觉劳动是指自觉从事最简单的日常劳动，劳动教育一般是从自觉劳动开始，自觉劳动能使劳动变为人人都负担的平等普遍义务。比如，宿舍是集体共有，需要大家共同珍惜，集体劳动不但可以美化宿舍，而且可以加深同学们的感情，提高交流合作能力。大学生要树立"以辛勤劳动为荣、以好逸恶劳为耻"的思想，建立对劳动教育的正确认知和浓厚兴趣，在教师的指导下认识并体悟到劳动教育的乐趣，树立不怕苦、不怕累、不怕困难的优良品质，把正确的劳动观点和劳动态度内化于心、外化于行。

2. 养成诚实劳动的意愿

诚实劳动是对劳动者品德的客观规定，是劳动者安身立命之本，表明劳动要实事求是、求真务实。通俗地讲，诚实劳动就是指在所干的工作合法合规的前提下，在劳动的过程中不投机取巧、不破坏劳动工具、不偷奸耍滑、遵守劳动纪律、勤勤恳恳，这样的劳作态度就叫作诚实劳动。

当前，"实用"思想已成为人才市场的主导，现实生活中有些大学生显得脆弱和娇惯，"知识越多越懒惰"成了高校学生们戴在头上的另一顶"学位帽"，由于"两眼不看劳务事，一心只读圣贤书"，学生缺乏劳动精神、吃苦耐劳的意识，不愿意做具体细致的工作。大学生稳定性、忠诚度和职业化程度不高，成为部分企业拒绝大学毕业生的理由。现代社会就业竞争越来越激烈，越来越多的大学生找不到合适的工作，"先就业后择业"就成了社会和媒体广泛宣扬的理念，而随之形成的毕业生忠诚度问题也浮出了水面。

劳动固然重要，但更重要的是以什么样的态度和方式去劳动。我们的社会发展到今天，在方方面面都呈现出了多元化、多样性的特点，包括人们的思想和文化。辛勤劳动、诚实劳动、富有创造性的劳动才是我们所积极倡导和弘扬的；反之，功利的、非法的、具有破坏性的行为，即使是劳动，也是我们要予以抵制和反对的。因为这种消极的劳动，不但不会创造出积极的价值，反而会妨碍社会的健康良性发展，损害广大人民群众的切身利益。没有劳动，衣、食、住、行皆为泡影，只有劳动，才能创造实实在在的价值。因此，劳动最光荣、劳动最崇高、劳动最伟大、劳动最美丽。人世间的美好梦想，只有通过诚实劳动才能实现；发展中的各种难题，只有通过诚实劳动才能破解；生命里的一切辉煌，只有通过诚实劳动才能铸就。大学生崇尚劳动、尊重劳动，更要正确地付出劳动、从事劳动。以诚为先、以诚为重、以诚为美，这才是劳动应有之义。

3. 养成守法劳动的意志

高校毕业生因社会阅历有限、防范意识不强，再叠加就业焦虑，求职过程中很容易忽视其中隐藏的法律风险。同时，这种急于就业的心理，也给了不法分子蒙蔽、诱骗甚至强迫毕业生从事违法犯罪活动的机会。

【案例】

大学生要守好做人的底线

2022年7月，广西壮族自治区南宁市警方捣毁了一个以刷单返利形式实施诈骗的团伙，抓获103名犯罪嫌疑人。令人震惊的是，其中竟然有多名刚毕业的大学生。湖北省高级人民法院2021年7月发布的一项专题调研显示，2018年1月至2021年5月，湖北法院共审理大学生（在校生实习期间及毕业3年内）就业求职涉罪案件95件，涉及被告人261人。从诈骗犯罪到帮助信息网络犯罪，从非法吸收公众存款犯罪到传销犯罪，近年来，一些高校毕业生找工作时误入歧途，从事违法犯罪活动而被法律制裁，实在令人感到唏嘘和惋惜。北大一位教授曾做过一项调查，1965年，青少年犯罪在整个社会事件中占比33%，其中大学生犯罪约占1%。最近几年，青少年犯罪占到了整个社会犯罪的70%、80%，其中大学生犯罪占17%，而且网络犯罪占不小的比例，呈上升趋势。大学生犯罪的原因多种多样，普遍存在侥幸心理、赌徒心理、攀比心理，妄想一夜暴富。

案例中青少年犯罪的情况，主要受四个方面的因素影响：

（1）家庭教育的失当。家庭教育失当是青少年犯罪滋生的土壤。我国的家庭教育失当现象相当严重，主要存在着的教育方法有溺爱型、粗暴型、放任型。其中大学生家庭存在的溺爱型最为普遍。家长对孩子的教育容易出现两个极端，不是漠不关心、放任自流，就是过分保护与干涉；不是专制粗暴、惩罚严厉，就是偏袒和溺爱。这种极端化教养方式很难使青少年实现正常的社会化，往往形成不良的习惯和人格，而这些不良的习惯和人格正是犯罪的内在动因。同时，家庭教育的失当还表现在教育的内容上，在高考指挥棒的压力下，家长关注的是孩子的分数，忽视孩子健康心理的发展、健全人格的培养和良好习惯的养成。

（2）市场经济的负面影响。市场经济带来的无序性引发了人们思想上的某种混乱，使得少数大学生的人生观和价值观产生了偏轨和倾斜。他们趋乐避苦、追求享受，当通过正当渠道不能达到目的时，其中一部分大学生就会采取犯罪的方法来实现。同时，物质利益成为现实生活的重头戏，许多大学生错误地以物质利益为尺度去评价个人得失，这诱发了一些大学生进行抢劫、盗窃、诈骗等违法犯罪活动。同时，市场经济带来的社会分配不公、消极腐败现象对大学生人生价值观也产生了一定影响。

（3）学校教育管理的滞后。在当代大学教育中，学校相对重视专业教育，忽视德育教育和劳动教育；文化教育内容枯燥，形式单一，而品德教育又形式化，两者在一定程度上与实际脱节。虽然目前高校素质教育已开始启动，对教学课程的设置做了相当大的改革，但对素质教育和学生违法犯罪之间的密切关系仍未予以充分重视。法制教育流于形式，学生学习的目的是考试及格，不要补考或重修；教师讲授限于完成教学工作量甚至代课费。究竟课堂教育效果如何，往往没有一套有针对性的科学方法来衡量，因此学生心理和思想问题是否能够解决、可以解决多少也就成了很随意的事情。在这种教育模式下，部分大学生法制观念淡薄，人生观、价值观未能正确树立，对社会、人生产生错误的认识，最终导致道德沦丧，犯罪发生。与此同时，高等学校心理教育相对薄弱、高等学校心理调查工作滞后，心理干预无力，较忽视贫困学生、家庭特殊学生的心理需要，这在客观上放任了情绪丰富化、强烈化、心境化的大学生价值观的混乱，引发认知不协调，甚至导致部分大学生自我封闭、自我否定、怀疑人生。这些都造成高等学校心理环境相对落后的现状，有不少人也正是由于在这种环境下，心理问题不能解决，心理异常程度越来越严重，一旦遇有契机，很容易导致出现犯罪行为。

（4）不良媒体文化的诱惑。媒体的特征是给我们最快、但是不一定是最好的消息。媒体文化在让我们开阔视野的同时，也给我们带来了众多的诱惑。一些图书、音像制品中都包含着有关破坏和暴力以及淫秽的内容。这些内容非法的书刊、VCD光盘陆续涌向校园，一些意志力差的大学生受其蛊惑，沉醉于这些不健康的内容之中而不能自拔，直至走向犯罪之路。

党中央明确提出，"深入开展法治宣传教育，把法治教育纳入国民教育体系"。大学是国民教育体系的组成部分，对大学生开展法治宣传教育是国民教育应有之义。为避免大学生就业求职时误涉职场违法犯罪，应坚持预防为主，由高校对毕业生进行专题法治教育，紧盯入学、毕业等关键时期，集中开展普法教育，通过引导大学生树立正确的人生观，强化他们的法纪观念，使他们严格遵纪守法。在实习、求职、就业等关键节点也要及时开展求职辅导和预防刑事风险的教育，结合真实案例，帮助大学生树立正确的就业观，不能只看薪酬、不顾风险，只看宣传、不管陷阱。公安机关和有关司法机关也可以就重点地区和重点行业的犯罪情况及时向社会公布，特别是和高校就业管理指导部门进行沟通交流，联合开展必要的法治宣传教育，避免出现一些毕业生"刚出校门、就进班房"的情况。作为大学生，一定要掌握一些常见的法律知识，提高识别违法犯罪和甄别就业陷阱的能力。尤其对一些容易触犯的罪名应当有所了解，比如诈骗、职务侵占、虚开发票、开设赌场、非国家工作人员受贿、非法吸收公众存款、传销等，对于一些付出很少但收益丰厚的工作一定要谨慎选择，比如一些不规范的理财公司、投资公司、藏品公司、养老项目等。另外，工作后发现有问题可以咨询法律人士或者上网查阅相关知识，感觉不妙及时离职，尽可能地保存证据，及时报案。

【相关链接】

诚信成就了海尔的事业

　　海尔不仅是中国而且是世界上最成功的家电企业之一，海尔的产品不仅深入我国广大的城市农村，而且将工厂建到了美国、德国等世界上最发达的国家。支撑海尔大厦的基础则是诚信。1984年，张瑞敏受命担任了一家亏损冰箱厂的厂长，这家企业人心涣散，制度形同虚设，违纪行为随处可见。张瑞敏厂长发出的第一道禁令是"不许在车间大小便"。指望这样的工厂生产出合格的冰箱无异于天方夜谭。

　　1985年，海尔从德国引进了一条世界一流的冰箱生产线。一年后，有用户反映海尔冰箱存在质量问题。海尔公司在给用户换货后，对全厂冰箱进行了检查，发现库存的76台冰箱虽然不影响冰箱的制冷功能，但外观有划痕。张瑞敏厂长提出"有缺陷的产品就是不合格产品"的观点，决定将这些冰箱当众砸毁，并且亲自砸下第一锤。这一锤砸掉了海尔人的旧观念，砸出了消费者的信任，也砸实了海尔人走向世界的道路，成就了海尔辉煌的事业。

　　海尔的经营理念体现了诚信的内涵只有内诚于己，即为人要诚实、不虚伪，才能外信于人，即不欺骗别人、不失信于人。"零缺陷"其实是海尔对顾客的一种承诺，要做到对人守信，就必须通过认真做事来体现。即"做老实人、说老实话、办老实事"是诚信待人的基本行为准则。张瑞敏砸冰箱，体现了他的长远发展眼光。正是凭着"以质量求生存、靠信用闯天下"，使海尔走出国门，成为国际知名品牌。

任务三 培养奋斗奉献的劳动精神

学习目标

1. 吃苦耐劳，弘扬奋斗精神。
2. 精益求精，弘扬工匠精神。
3. 甘于奉献，弘扬劳模精神。

思维导图

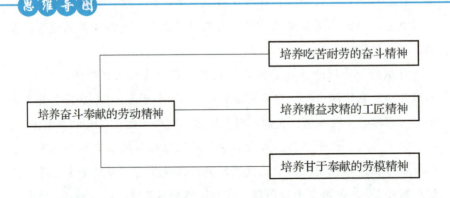

主题讨论

不管我们是在工厂车间、田间地头还是服务行业，我们都是劳动者，也都是追梦人，都在平凡岗位上努力奋斗，用劳动创造幸福生活。请问劳模精神是否已过时？

观点一："爱岗敬业、争创一流、艰苦奋斗、勇于创新、淡泊名利、甘于奉献"的二十四字劳模精神在任何时候都需要，都不过时，是伟大时代精神的生动体现。我们要珍惜荣誉，传承劳模精神。

观点二：劳模精神是一种永不过时的时代精神，每一个时代都有一种先进的精神，这种精神源于我们身边每一个身份普通、岗位平凡、业绩突出的劳动者，这种精神成为推动社会前进的源动力，引领着无数人战胜苦难、不懈创新、勤勉开拓。

你的观点：＿＿＿＿＿＿＿＿＿＿＿＿＿＿＿＿＿＿＿＿＿＿＿＿＿＿
＿＿＿＿＿＿＿＿＿＿＿＿＿＿＿＿＿＿＿＿＿＿＿＿＿＿＿＿＿＿＿＿
＿＿＿＿＿＿＿＿＿＿＿＿＿＿＿＿＿＿＿＿＿＿＿＿＿＿＿＿＿＿＿＿

课前查阅相关资料或者或根据自己的理解，用简要的语言对资料内容进行概括，并形成自己的观点准备课堂发言。

劳动没有高低贵贱之分，任何一份职业都很光荣；社会主义是干出来的，新时代是奋斗出来的，人民的幸福生活是靠一点一滴创造得来的。只要踏实劳动、勤勉劳动，在平凡岗位上也能干出不平凡的业绩。在前进的道路上，无论时代条件如何变化，我们始终都要崇尚劳动、尊重劳动者，都要发扬光大劳动精神。

1. 培养吃苦耐劳的奋斗精神

五千年文明史上，中华民族在艰苦的自然条件和严酷的社会环境中锻炼和培育了吃苦耐劳、勤俭持家、艰苦奋斗的不屈不挠精神，中国人民历来视勤劳为安身立命、齐家治国之本，在物质生活上强调知足常乐，在精神生活上强调淡泊明志。正是有了艰苦奋斗的精神，中国人民创造了千秋灿烂的中华文明，留下了许多艰苦奋斗的格言绝句、神话典故、历史见证和动人事迹，艰苦奋斗成为中华民族引以为自豪的民族精神。平静的海面练不出优秀的水手，安逸的环境造不出时代的强者。

【案例】

用人单位青睐吃苦耐劳者

浙江省统计局2015年9月发布的一份调研报告显示，吃苦耐劳是用人单位对大学生的首要考量指标。调查显示，有63.4%的用人单位招收大学生时要求能够吃苦耐劳。其中，建筑业、科学研究技术服务业和信息传输计算机服务业等行业对大学生是否能够吃苦特别看重。随着生活条件的改善，当代大学生一般没有遭遇过多大的挫折和磨炼，特别是许多独生子女，从小就养成养尊处优、享受安逸的习惯，自强自立意识薄弱，吃苦耐劳精神欠缺，一旦走出象牙塔，独自面对外界的风雨时，显得无所适从。这些弊端在"企业拒聘城市独生子女""大学生就业就是比爹""父母替子女排队投简历"等事件中暴露无遗，许多大学生落聘就是因为不能吃苦。一些大学毕业生总是对目前的工作感到不满，总想找一份既轻松又能赚大钱的工作，但往往又不能吃苦耐劳，导致工作中眼高手低，稍不合意就辞职，频繁跳槽，许多用人单位对此也较为反感。麦当劳的代表说，他们接收的大学毕业生都必须经过基层锻炼，在实习期都要安排最难的活给他干，如先到前厅去端盘子、刷厕所等。往往是实习三天后就有人因为吃不了苦而被淘汰，淘汰率高达50%。一些企业表示，每年真正招收的应届毕业生人数只占计划招工的1/5。企业接收大学生后一两年内流失率在30%以上的达到被调查企业总数的半数以上。

陶行知说过："滴自己的汗，吃自己的饭，自己的事情自己干，靠人靠天靠祖宗，不算是好汉。"吃苦耐劳是一剂良药，它可以帮助一个人应对物质上的贫穷，战胜眼前的困难，更可以帮助一个人消除精神上的贫瘠。每一个走出校门的大学生都应该保持艰苦奋斗的优良传统，砥砺健全人格，磨炼坚强意志，在精神状态上保持高昂斗志，锐意进取，顽强拼搏，自强不息；在工作上吃苦耐劳，不畏艰辛，兢兢业业，埋头苦干；在学习上勤勉刻苦，孜孜不倦，勤于学习，善于思考；在生活上勤俭朴素，厉行节约，珍惜资源，保持正派健康的生活情趣和积极向上的精神追求，不断谱写新时代的劳动者之歌，就一定能以劳动托起中国梦，以奋斗成就新光荣。

2. 培养精益求精的工匠精神

工匠精神有着悠久的历史，在中国的文化观念中，自古就有着对"匠心"的追捧，我们常常用"匠心"来形容做事的高妙境界。在长期实践中，我们培育形成了执着专注、精益求精、一丝不苟、追求卓越的工匠精神，是以爱国主义为核心的民族精神和以改革创新为核心的时代精神的生动体现，是鼓舞全党全国各族人民风雨无阻、勇敢前进的强大精神动力。

"工匠精神"的基本内涵包括敬业、精益、专注等方面的内容。

（1）敬业。敬业是从业者基于对职业的敬畏和热爱而产生的一种全身心投入的认认真真、尽职尽责的职业精神状态。中华民族历来有"敬业乐群""忠于职守"的传统，敬业是中国人的传统美德，也是当今社会主义核心价值观的基本要求之一。早在春秋时期，孔子就主张人在一生中始终要"执事敬""事思敬""修己以敬"。"执事敬"，是指行事要严肃认真不怠慢；"事思敬"，是指临事要专心致志不懈怠；"修己以敬"，是指加强自身修养保持恭敬谦逊的态度。宋代大思想家朱熹将敬业解释为"专心致志，以事其业"。

（2）精益。精益就是精益求精，是从业者对每件产品、每道工序都凝神聚力、精益求精、追求极致的职业品质。所谓精益求精，是指已经做得很好了，还要求做得更好，"即使做一颗螺丝钉也要做到最好"。正如老子所说，"天下大事，必作于细"。能基业长青的企业，无不是精益求精才获得成功的。瑞士手表得以誉满天下、畅销世界、成为经典，靠的就是制表匠们对每一个零件、每一道工序、每一块手表都精心打磨、专心雕琢的精益精神。

（3）专注。专注就是内心笃定而着眼于细节的耐心、执着、坚持的精神，这是一切"大国工匠"所必须具备的精神特质。从中外实践经验来看，工匠精神都意味着一种执着，即一种几十年如一日的坚持与韧性。德国除了有人们耳熟能详的奔驰、宝马、奥迪、西门子等知名品牌之外，还有数以千计普通消费者没有听说过的中小企业，它们大部分"术业有专攻"，一旦选定行业，就一门心思扎根下去，心无旁骛，在一个细分产品上不断积累优势，在各自领域成为"领头羊"。其实，在中国早就有"艺痴者技必良"的说法。古代工匠大多穷其一生只专注于做一件事，或几件内容相近的事情。《庄子》中记载的游刃有余的"庖丁解牛"、《核舟记》中记载的奇巧人王叔远等大抵如此。

"工匠精神"作为一种职业精神，是大学生提升个人精神追求、完善个人职业素养、实现个人成长进步的重要道德指引。

【案例】

职业精神的标杆

美国旅馆业巨头康拉德·希尔顿年轻时有过在酒店打工的经历。最初，上司安排他打扫卫生，刷马桶是其中必要环节。希尔顿对这份工作不满意，对待工作很懈怠。有一天，一位年龄稍长的女同事见他刷的马桶很不干净，就亲自为他做示范，并告诉他，自己刷完的马桶，是有信心从里面舀水喝的。这件事对年轻的希尔顿触动很大。从此他一改对工作的懈怠应付，逐渐树立起踏实认真、一丝不苟的职业精神。后来，希尔顿拥有了自己的酒店，并在行业内独树一帜。回顾他的成功之路，不难发现，他年轻时所遭遇到的"喝马桶水"的职业精神教育这一课，是他成长、成才、成功的重要精神财富。

在被誉为"新中国第一店"的北京市百货大楼前，一座半身铜像静静伫立。铜像塑造的是一位普通售货员——张秉贵。1955年，36岁的张秉贵来到这里。为了更好地服务顾客，他苦练售货技术和心算，练就了令人称奇的"一抓准"和"一口清"技艺，不管顾客要几斤几两商品，他一把就能抓准分量，在商品称好、包好的同时，价钱也就心算出来了，分毫不差。30多年里，他接待顾客近400万人次，没跟人红过一次脸、吵过一次嘴，被称赞为"燕京第九景"。

"干就干一流，争就争第一"，是许振超的座右铭。1984年，许振超成为青岛港集装箱公司第一批桥吊司机。靠着对岗位的热爱和刻苦钻研，他练就了"一钩准""一钩净""无声响操作"等绝活，带领团队先后多次刷新集装箱装卸世界纪录，创造了享誉全球的"振超效率"。

> 铁路工人巨晓林只有高中学历，却凭借数十年如一日的专注和努力，记下近300万字施工笔记，研发和革新工艺工法百余项，从一名连图纸都看不懂的农民工成长为中国顶尖高铁施工建设专家，他编撰的《接触网施工经验和方法》成为铁路施工一线"宝典"。

"心心在一艺，其艺必工；心心在一职，其职必举。"如今社会浮躁的氛围盛行，大多数人追求即时利益，忽略了产品的品质要求，特别是如今网络的发达，低质量的产品在生活中充斥、蔓延于整个社会，随之而来的是各种社会问题。当代大学生是即将步入社会的群体，在面对这个浮躁的社会时，能够拥有工匠精神是个人的信仰，是对企业对国家和人民的一种负责。推进中国社会的良好风气，推动中国社会的进步，是当代大学生以及社会各阶层人员都需要践行的责任。无论从事什么劳动，都要干一行、爱一行，这是干好工作的重要前提，是一个人起码的职业操守，也是社会主义核心价值观的基本要求。事实上，大学生所具有的高尚职业操守和强烈"工匠精神"，同拥有较高专业知识技能一样，是其自身立足职场的重要条件和在未来职业生涯中脱颖而出的制胜法宝。在工厂车间，就要弘扬工匠精神，精心打磨每一个零部件，生产优质的产品。在田间地头，就要精心耕作，努力赢得丰收。在商场店铺，就要笑迎天下客，童叟无欺，提供优质的服务。把"敬业"上升为"精业"，努力练就过硬本领、努力成为行家里手，就能更好适应事业发展需要。

3. 培养甘于奉献的劳模精神

劳动模范和先进工作者是坚持中国道路、弘扬中国精神、凝聚中国力量的楷模，他们以高度的主人翁责任感、卓越的劳动创造、忘我的拼搏奉献，为全国各族人民树立了学习的榜样。"爱岗敬业、争创一流，艰苦奋斗、勇于创新，淡泊名利、甘于奉献"的劳模精神，生动诠释了社会主义核心价值观，是我们的宝贵精神财富和强大精神力量。全社会都应该尊敬劳动模范、弘扬劳模精神，让诚实劳动、勤勉工作蔚然成风。

在我们党团结带领人民进行革命、建设、改革的各个历史时期，劳动模范始终是我国工人阶级中一个闪光的群体，享有崇高声誉，备受人民尊敬。在革命战争年代，"边区工人一面旗帜"赵占魁、"兵工事业开拓者"吴运铎、"新劳动运动旗手"甄荣典等劳动模范，以"新的劳动态度对待新的劳动"，积极参加义务劳动，全力支援前线斗争，带动群众投身中国共产党领导的人民解放事业。中华人民共和国成立后，"高炉卫士"孟泰、"铁人"王进喜、"两弹元勋"邓稼先、"知识分子的杰出代表"蒋筑英、"宁肯一人脏、换来万人净"的时传祥等一大批先进模范，响应党的号召，带动广大群众自力更生、奋发图强。王进喜以"宁肯少活20年，拼命也要拿下大油田"的气概，带领石油工人为我国石油工业发展顽强拼搏，"铁人精神""大庆精神"成为激励各族人民意气风发投身社会主义建设的强大精神力量。在改革开放历史新时期，"蓝领专家"孔祥瑞、"金牌工人"窦铁成、"新时期铁人"王启明、"新时代雷锋"徐虎、"知识工人"邓建军、"马班邮路"王顺友、"白衣圣人"吴登云、"中国航空发动机之父"吴大观等一大批劳动模范和先进工作者，带动群众锐意进取、积极投身改革开放和社会主义现代化建设，为国家和人民建立了杰出功勋。

【案例】

扎根荒漠的奉献者

1958年，邓稼先在接受研制原子弹历史重任的那天晚上，对妻子说："我的生命就献给未来的工作了，做成了这件事，我的一生都会过得很有意义，就算死了也值得。"谁也不曾想到，他一走便是杳无音讯的28年。茫茫大漠荒滩中，他苦干惊天动地事，却甘做隐姓埋名人。直到1986年6月24日，一篇题为《名字鲜为人知，功绩举世瞩目："两弹元勋"邓稼先》的长篇报道刊发，他的身份才得以公之于众。而这时，他已为中国核武器事业耗尽毕生心血。一个多月后，邓稼先在北京逝世，临终时念兹在兹的仍是"不要让人家把我们落得太远"。

扎根荒漠的，还有"敦煌的女儿"樊锦诗。她是风华正茂的北大高才生，却告别恋人和优渥的生活，用大半生年华守护荒野大漠的700多座洞窟。她一向简朴、淡泊名利，这些年所获奖章、奖状、奖金，悉数交回单位。"这不是我个人的荣誉，而是归于敦煌研究院几代人。"退休多年来，她每年仍有大半时间在敦煌，潜心研究石窟。她说："国家把你培养出来，你怎么报国？就是要去做实际的工作。尽管我老了，但能为敦煌做些事，还是要做的。"

榜样的力量是无穷的。劳动模范是民族的精英、人民的楷模。实现大学生的职业生涯各项目标任务，不仅要在物质上强大起来，而且要在精神上强大起来。大学生要向劳模学习，以劳模为榜样，以民族复兴为己任，自觉把人生理想融入国家富强、民族振兴、人民幸福的伟业之中，大力弘扬真抓实干、埋头苦干的良好风尚，出实策、鼓实劲、办实事，不图虚名，不务虚功，为党和人民的事业甘于奉献，矢志追求更有高度、更有境界、更有意义的人生，以"小我"成就"大我"。

【相关链接】

奋斗着异常美丽——记湖南高速铁路职业技术学院全国五一劳动奖章获得者魏秀瑛

说起从教20多年的优秀教师，人们也许会第一时间想起戴着厚厚眼镜，两鬓泛霜的知识分子形象；说起带队在全国技能大赛中屡屡夺冠的金牌教练，人们又会习惯地勾勒出神情严厉、令人敬畏的教练形象；说起穿行在钢筋水泥中的建筑工程师，人们更会本能地联想到身材彪悍、声音粗犷的汉子。当你知道集所有的角色于一身的，其实是一位颜值与智慧兼备的女性时，你会不会有些惊讶？而且美丽如她，还是全国五一劳动奖章获得者、湖南省优秀教师、湖南省先进工作者、湖南省芙蓉百岗明星，你会不会觉得格外好奇？让我们走进湖南高速铁路职业技术学院，走近2018年全国五一劳动奖章获得者——该校铁道建筑学院建筑设计教研室主任魏秀瑛老师，去探究她背后的故事。

金牌总教头：让奇迹接踵而至

2017年的5月28日，是湖南高速铁路职业技术学院特别热闹的一天，全校师生在党委书记刘一华、校长陈春泉的带领下，敲锣打鼓迎接一支凯旋的队伍，那就是在2017年首次摘得全国职业学校建筑识图技能大赛冠军桂冠的获奖团队，魏秀瑛和她的搭档刘靖担任指导老师。那不仅是湖南高铁职院也是湖南省该项技能大赛历史上获得的最高荣誉。那个暑假，全国150多所学校300多名建筑专业的老师慕名来到湖南高速铁路职业技术学院，学习交流指导技能大赛的经验，魏秀瑛作为建筑工程技术专业带头人，教研室主任，也是项目总教练，担任首席授课专家，培训期间她倾囊相授，毫无保留。不过，尽管兄弟学校用心学习，奋力追赶，第二年的大赛，因为依然是魏秀瑛担任建筑识图项目总教练，该项赛事的全国冠军毫无悬念地被湖南高铁职院蝉联。盛誉之下，她也有了应接不暇的新任务，2019年她被各省教育厅和全国各地的学校争相邀请，有请她担任省赛命题专家的，有请她作为国赛裁判的，也有隆重聘请她为学校客座教授的。湖南高铁职院更是接待了一批又一批慕名来取经、参观建筑工程技术实训基地的学校。其实登峰的成绩都不是一蹴而就，10年来，魏秀瑛一直在指导专业技能大赛上历练。每一次竞技的舞台，她都当作最好的挑战，每一次应对挑战，都能奇迹般地进阶升级。像2012年夺得全国高等院校"斯维尔杯"BIM软件建模大赛全能冠军奖、建筑设计等3个专项冠军奖、三维算量与清单计价等2个一等奖等；2014年包揽全国高职院校土建施工类专业"鲁班杯"建筑工程识图技能竞赛团体特等奖、个人特等奖和个人一等奖等；全国大大小小的奖项就多达50余项，早就享有"金牌教练"的盛誉。让人惊叹之余，又感慨湖南高铁职院的铁道建筑专业实力如此强大，竟能在和清华学子同台竞技中毫不逊色。

专业领军人：追求卓越永远在路上

其实怒放的鲜花绝非源自运气，都是精心培植，用汗水和心血浇灌而成的。据魏秀瑛当年的老师，现任湖南高铁职院铁道建筑学院院长陈安生介绍，早在2009年就给她压担子，让30多岁的魏秀英担任学校骨干专业——建筑工程技术专业带头人。事实证明，苗子选对了。魏秀瑛一上任，就大胆改革，带领团队学习世界职业教育新理念，结合学校的办学特色和专业条件，根据建筑行业产业升级和建筑人才培养的要求，全力建设省级精品专业、省级生产性实习实训基地、省级精品课程等，申报省级"双一流"特色专业群等。她以专业建设和改革为研究基础，主持完成国家教育规划课题1项、省级教育规划课题研究1项，获省级以上教学成果奖4项，获批国家专利4项，主编主审教材5部。

2016年她代表学校参加湖南省说专业比赛，凭借深厚的专业底蕴，流利的演讲才华和甜美亲切的笑容，征服现场的所有评委，当仁不让地捧回一等奖奖杯。去年12月湖南高铁学院全力申创湖南省卓越校建设项目，在学院的领导下，魏秀瑛和她的建工团队连续十几天夜以继日，集体攻坚，一举拿下建筑工程技术一流专业群的桂冠。凭借专业技术优势和丰富的教学经验，她还经常参加对外技术服务工作，她为中国铁路总公司培训铁路车站维护和管理技术人员，5年间足迹遍布全国铁路沿线，从段长到基层技术人员，她的亲传弟子不少于2 000人；她积极参与国际办学项目，为"一带一路"国家培养技术技能人才，泰国哇碧巴通职业技术学院的留学生坦言，在学习中国高铁知识的同时，也感受魏老师独具魅力的东方之美；她为新农村建设进言献策，为衡阳地区农村建筑行业培养"工匠型"农民工共计千余人次。用她自己的话说，专业建设在于追求卓越，凝练特色，而卓越之路没有止境！

学生守护神：从知心姐姐到暖心妈妈

别看在训练中魏秀瑛是个不折不扣的严师，但在生活上，却每每散发着女性的柔情,对学生更是呵护有加。为了给集训的学生加强营养,她坚持每天为学生做营养餐,这些年同学们吃过她包的饺子、炖的鸡汤、烹制的卤菜……2018年上半年女儿临近高考,也是同学们备战国赛最紧张的时候,每次她给高考的女儿买水果、零食,都会同样给学生准备一份,在整个训练备赛的几个月里,她既要当好女儿的妈,也要当好学生的妈。2012级四川籍的一位朱同学,父亲突患白血病,家里无钱医治,魏老师得知后第一时间捐款,虽然终未挽回朱父生命,但学生永远记住并感恩亲爱的魏老师。2016级来自贫困山区的彭同学,下雪天还只穿了一条单裤,被细心的魏老师发现,第二天就为该生购买了崭新的羽绒衣裤。捧着暖暖的衣服,姑娘泪眼汪汪地喊她"秀瑛妈妈"。2017级刘同学因意外车祸留下了身体障碍,她就晚上单独辅导,为他补上落下的功课,鼓励他坚强振作。

刚参加工作时,学生们与她年龄相仿,亲切地唤她"魏姐姐"。学生送走一批又一批,到现在,她的学生已与她的孩子同龄,她成了学生心目中最可亲的"妈妈"。

工地风景线:钢筋水泥中你最美

校园里魏秀瑛是优雅知性的美女教授,在现场则是国家一级建造师、铁道监理工程师、湖南省综合评标和政府采购专家,是典型的"双师型"教师。高职院校的老师常常要到工地指导学生毕业设计、施工等实习工作,因为实习工地分布零散,教学工作重,男老师忙不过来,她总是欣然走上工地。曾经她带着学生在上海进行毕业实习,不仅每天要联系、参观学习之处,还要带领学生徒步参观并讲解每一处建筑和工地,一天至少要走四十余里,每天晚上要等到学生全部归寝,她才能稍作休息。有时她也骑单车去查看每个工地。只要远远看见她戴着红色安全帽,穿着牛仔裤,长长的马尾辫随风飞扬,骑车穿行在钢筋水泥的工地上,工友们和同学们都情不自禁地感慨:魏老师真是工地上最美的一道风景。

4月28日,刚刚从长沙领奖归来的她,一下车就受到媒体的簇拥。

面对镜头,魏秀瑛显得平静而谦和,她说:"全国五一劳动奖章,这不是属于我个人的荣誉,是整个湖南高铁职院的骄傲,是铁道建筑学院卓越教师团队创造的成绩,是我和工作伙伴精诚合作的成果,是我可爱的高铁学子技能超群的象征。当年衡阳铁路工程学校培养了我,送我到兰州交通大学深造,老师对我厚爱有加,给了我锻炼的平台,今天是我对学校应有的回报。"

是的,在湖南高铁职院这座美丽的校园里,像魏秀瑛这样奋斗着、耕耘着的教师不止一个,他们中还有全国优秀教师、全国火车头奖章获得者、全国优秀创业导师等等。奋斗的青春最美丽,他们奋斗着异常美丽,他们耕耘着异常幸福。正是他们用无悔的青春诠释着新时代教师的智慧之美、劳动之美和人格之美!

(资料来源:红星云 发布时间:2019-05-15)

任务四 提高主动创新的劳动能力

学习目标

1．勤于动手，养成自主劳动的习惯。
2．勤于思考，养成智慧劳动的意识。
3．勤于创新，养成创新劳动的思维。

思维导图

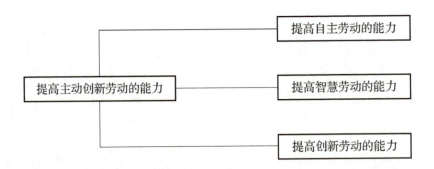

主题讨论

鲁班懂得创新，因而在被野草划伤时不是将它拦腰折断，而是弯下腰仔细观察它，于是发现野草上有许多细小的齿，因而顿生灵感，经过一次次的实验，终于发明了锯，造福于人类。

观点一：创新，是一个人、一个民族、一个国家所必需的一种精神。有了创新，可以搭载莱特兄弟的飞机飞上九重天；有了创新，可以与爱迪生在电灯下侃侃而谈；有了创新，可以与诺贝尔炸开山头，炸出通道；有了创新，可以与列文虎克共同观察微观世界……

观点二：对牛顿来说，晚年的他不懂得创新。他在年轻时因一个苹果发现了地心引力，以后一步一个脚印，取得了惊人的成就。但到了晚年，他却沉迷于亚里士多德和柏拉图的学说，花费十多年时间"潜心"研究上帝的存在，不思进取，在迷信中一点一点将黑发"浪费"，将自己的创新精神丢入大海，最后赔上了自己的老年时光，毫无所得。由此看来，一个站在巨人肩膀上的人也会因为不创新而变得黯淡无光。

你的观点：_____
_____
_____

创新灵感来源于生活，你在平常的生活中有没有一些创意小发明的点子？用简要的语言在课堂上与大家分享一下。

习近平总书记在2022年4月27日，致首届大国工匠创新交流大会的贺信中指出，我国工人阶级和广大劳动群众要大力弘扬劳模精神、劳动精神、工匠精神，适应当今世界科技革命和产业变革的需要，勤学苦练、深入钻研，勇于创新、敢为人先，不断提高技术技能水平，为推动高质量发展、实施制造强国战略、全面建设社会主义现代化国家贡献智慧和力量。

劳模工匠之所以能够在亿万劳动者中脱颖而出，能够在平凡的岗位上创造不平凡的成就，既体现在劳动价值观、劳动态度、劳动行为上，也体现在劳动素养、劳动技术、劳动效率、劳动成效等方面；既需要崇尚劳动、热爱劳动、辛勤劳动、诚实劳动，也需要高效劳动、创新劳动、科学劳动。作为新时代的大学生，只有把提高劳动能力作为"必修课"，既能"劳心"又能"劳力"，了解社会、适应社会的能力，成为现代化事业需要的合格的人才。

1. **提高自主劳动的能力**

热爱劳动就是培养正确的劳动态度和积极的劳动心理，自觉自愿、积极

主动劳动。对劳动的积极心理态度，是创造众多社会奇迹的劳动者所共有的品质。习近平总书记强调，"推动全社会热爱劳动、投身劳动、爱岗敬业，为改革开放和社会主义现代化建设贡献智慧和力量"。通过劳动播种希望、收获果实，人们才会热爱劳动。

只有热爱劳动，懂得劳动创造美好、劳动创造幸福，人们才会喜欢劳动、愿意劳动。正是基于对劳动的热爱，劳动者才能实现由"要我劳动"到"我要劳动"的转变，这是对马克思"劳动已经不仅仅是谋生的手段，而且本身成了生活的第一需要"理论的实践升华，体现了劳动本身与人们幸福追求的一致性和契合度。近年来，在我国青少年学生当中，一些有关"劳动"的问题，特别是不会劳动和轻视劳动的问题，引起了人们的关注和担忧。参加某科高水平国际竞赛的学生悠悠然上、下飞机，负重拿行李的却是其辅导老师；某大学开学报到，跑前跑后办手续、搬行李，挥汗忙碌的多数是家长；某生天资聪颖、学习优秀，考上了清华大学，却因不会自理生活而退学；还有某研究生因无法解决自己的"生活管理"问题，只好放弃出国深造的机会；某班选举某生当生活委员，该生竟公然说："我才不给你们当老妈子呢！"

全面建设社会主义现代化国家新的伟大征程，为广大劳动群众提供了宝贵机遇和广阔舞台。大学生有动手操作的能力和习惯，才能适应未来社会。要肯学肯干肯钻研，就能立足岗位成长成才，撸起袖子加油干，不断锤炼本领、淬炼能力，追求卓越、争创一流，才能在劳动中体现价值、展现风采、感受快乐，开创辉煌事业，彰显精彩人生。

2. 提高智慧劳动的能力

智慧劳动，是对当前新科技、新产业和新业态的一种集大成式的对接方式。目前，我国新一轮科技革命和产业变革正在蓬勃兴起，以5G、人工智能、大数据、云计算、物联网等数字技术为支撑的新产业、新业态、新模式近年来得到迅速发展，智慧劳动是对此变化的积极应对。智慧劳动的出发点是助推经济发展，而落脚点是以新业态来促进人类命运共同体的建设。习近平总书记曾强调，要"建设知识型、技能型、创新型劳动者大军"。这为新时代大学生提高智慧劳动能力指明了方向。

历史证明，每一次推动时代前行的力量，必然是发轫于劳动升级的一步一履。全世界从信息工业革命开始了方兴未艾的产业升级，推动了很多传统行业的深层次革命,很多新兴产业,正在努力抢占产业制高点,这也使得智慧劳动的概念更加重要。一个国家发展能否抢占先机、赢得主动,取决于劳动以何种方式打开。从这个宏观维度来说,要进行高效率的智慧劳动,不仅事关自身的价值发挥,更在于对时代的呼应。硅衬底LED技术是获得国家技术发明奖一等奖并具有"世界级技术"的成果,它打破了日美等国在该领域的技术垄断。主导这个项目的南昌大学科研团队中,很多都是年轻的"80后"科技工作者。佼佼者的脚步,为我们明确了追逐智慧劳动的路径。

进入新时代,技术革命和产业变革给全球智慧劳动者以共同的起跑线和重大机遇,在这个过程中,我们青年当展现出新动力、新活力,这也应该是我们必须拥有的蓬勃朝气和昂扬锐气。辩证地看,目前智慧劳动的人力资源还是稀缺的。现在,任何一种新兴产业的智慧劳动力,都面临着从"弯道超车"转成"换道超车"的语境。此时,见势早、动作快,才能拔得发展"头筹"。在高质量发展正处于蓄势跨越的关键时刻,青年们更要有一种时不我待的紧迫感和功成有我的责任感,争做智慧劳动的生力军,就此打开未来人生的新图景。提高大学生智慧劳动的能力,既要培养跨学科深度学习知识的能力,以复合型劳动者的姿态适应跨界融合的趋势;也要培养善于用脑和勤于思考的能力,以智慧型劳动者的姿态应对群智开放的趋势;还要提升团队协作尤其是人机协同的劳动能力,做到既发挥自己的劳动技能又能提升劳动的效率,对标国际技术标准和产业动向,去要空间、要动力、要质量,让智慧劳动写就大学生青春新史。

3. 提高创新劳动的能力

劳动的魅力来自其内在的创新性、价值性、社会性。创新性是指在劳动教育的过程中,主体在劳动形式、方法和成果中结合个体特质进行实践探索,实现自身的进步与超越。相较之重复性劳动,创新劳动的本质在于"破",核心在于"新"。正是这些特征,吸引着人们主动投入劳动,发现劳动的乐趣,甚至长期耕耘取得登峰造极的成就。

创新是民族进步的灵魂,是一个国家兴旺发达的不竭源泉,也是中华民族最深沉的民族禀赋。古往今来,热衷于创新和发明的劳动者一直是世界科技进步的重要推动力量。古代中国"四大发明"领先世界。中华人民共和国成立初期,倪志福、郝建秀等为社会主义建设事业做出了突出贡献。改革开放以来,"汉字激光照排系统之父"王选、"中国第一、全球第二的充电电池制造商"王传福、从事高铁研制生产的铁路工人和从事特高压、智能电网研究运行的电力工人等都是"工匠精神"的优秀传承者,他们让中国创新重新影响了世界。1948年,辽宁鞍山解放,历经战火摧残几近废墟的鞍钢回到人民手中。有日本专家断言,这里"只能用来种高粱"。50岁的老工人孟泰带领工友们艰苦奋斗,刨冰雪,扒铁堆,小到一个螺丝钉,大到几十公斤重的管件,短短几个月内便挖出和修复上万个零备件,建立起闻名全国的"孟泰仓库",有力保障了鞍钢高炉恢复生产。孟泰的创新精神同样令人称道。他组织全厂联合攻关,自制成功大型轧辊,填补了我国冶金史上的空白;他牵头的多项技术革新和发明,为国家节约了大量能源资源。航空发动机被喻为现代工业"皇冠上的明珠",叶片是影响发动机安全性能的关键承载部件。洪家光的工作就是为发动机叶片制作所需的磨削工具。奋斗不息、创新不止,是洪家光的人生注脚。为了能够掌握更精深的技术,在别人一年能完成4 000个工时就不易的情况下,技校毕业的洪家光一年完成了7 000多个工时。从普通技工成长为中航工业首席高级技师,他始终坚持带领团队在生产一线攻坚克难,先后完成了200多项技术革新,解决了340多个技术难题,研发出成熟的航空发动机叶片滚轮精密磨削技术,为我国航空发动机自主研发提供了强有力的技术支撑。

"艰难方显勇毅,磨砺始得玉成。"越是伟大的事业,越充满艰难险阻,越需要艰苦奋斗,越需要开拓创新。有研究表明,兴趣与内驱力有着强相关性。在劳动过程中,创造性的体现、动手能力的提升、思维能力的拓展以及团队精神的训练,都为学生酿造着积极正向的体验,并成为其探究世界、评估劳动价值的重要依据。大学生是社会上最富活力、最具创造性的群体,理应走在创新创造前列。要尊重并关注每个学生的具体需求和主观感受,引导并鼓励学生在劳动过程中发挥创造力和主动性,密切关注行业、产业前沿知识和技术进展,增强创新意识、培养创新思维,展示锐意创新的勇气、敢为人先的锐气、蓬勃向上的朝气,不断增强自身原创型劳动和改进型劳动的能力。

【相关链接】

创新劳动

创新劳动是指突破劳动惯例的思维方式、生产方式、组织方式、创造和运用全新的思维观念、科技知识、工艺设计及方式方法所进行的创造性劳动。

创新劳动包含两种形式，即原生性创新劳动和继发性创新劳动。

创新劳动所生产的商品是知识商品。这些知识商品表现为新的理论、新的观念、新的创意、新的技能等。它们大多是无形产品，可能看不见、摸不着，但这些知识商品的出现意味着新的发现、新的变革。这种变革从根本上影响着社会前进的步伐和速度。

创新劳动可以包括以下几种：

第一类是为进一步认识客观事物而获得新知识的创造性劳动。这类劳动也可称为科学创新劳动。比如，实验科学先驱伽利略、经典力学始祖牛顿、第一个发现镭的女科学家居里夫人、对电磁学做出巨大贡献的法拉第、创立相对论的爱因斯坦以及首创化学元素周期表的门捷列夫等科学家，就是从事科学创新劳动的典范。

第二类是为节约时间和空间、节约体力和精力、节约资源和能源而探索更简便的思想、方法和手段的创造性劳动。这种劳动也可称为技术创新劳动。比如集装箱的发明就是一个明显的例子。这里并没有发现新知识的科学创新，但却是一个能给社会带来巨大效益的技术创新。

从产业发展的历史来看，在许多重要产业，包括高新技术产业，关键的不是科学创新劳动，却是技术创新劳动。比如要做出0.5微米的集成电路技术产品，其科学原理并不复杂，也早已为人们掌握，所以并不需要科学创新劳动，但却需要复杂的技术创新劳动才能完成。

第三类是为满足社会与个人的新需要而设计与创造新的使用价值的创造性劳动，这类劳动又可称为产品创新劳动。

第四类是发展人自身的劳动，又称人力创新劳动，它包括学习劳动和部分教育劳动。学习劳动和教育劳动都是塑造和培养劳动者新的能力和素质的劳动。由于人具有思想和个性,所以教育劳动并没有一个统一的模式,往往要因人而异,因材施教,处处实现创新。

邬口关博的奇思异想

她叫邬口关博,她的偶像是她最崇拜的科学家爱迪生。在她看来,科学就像电灯一样,让人们的生活明亮起来。当别的孩子疯玩时,她却干出了一连串让人啼笑皆非的事:研究如何在牛奶中加糖、醋、盐,调制怪味牛奶。她那双明亮的眸子始终投射在生活中的难题上,专注于每个细节。小学时,为使校徽不刺伤人,她从文件夹得到启示,发明了一种安全校徽,将针夹牢牢锁住。初中时,她发现了热水器时冷时热,而燃烧器排出的废气温度又很高,于是她在废气上设计了水管,让自来水先在此水管中预热后再进入燃烧器,这样就容易保证水温了。高一时,她从铺位上滚下来扭伤脚,于是从汽车安全带上获得启示,设计了一种不影响睡觉的"防滚带"。她的奇思异想,让她在科学的世界里美丽飞翔。

上海的媒体连续报道了几起交通事故,而其中的"致命杀手"都是司机在急刹车时误踩油门。看着电视上哭天喊地的画面,她的心被一种强烈的悲怆撕裂:血不能少流些吗?她便想为此做些什么,通过思考她有了想法:"为什么不发明一种装置来杜绝此类事件的再次发生呢?"当她确定要解决刹车问题时,她乘车时都要问司机正常地踩油门和误踩刹车有何不同。问了十几次之后,她发现,一般踩油门用时1.5秒左右,而踩急刹车仅0.5秒甚至更短。在对国内几乎所有型号的汽车进行测试后,她肯定了这个数据的确切性。于是,经过反复实验,经过一个多月的实践,一种以CMOS芯片为主的自动判断装置诞生了:如果判断司机属正常操作,则中央控制器不干涉,汽车如同没有装该套装置一样。一旦"发现"司机将油门误踩成刹车,该装置会进行提醒,能自动发出指令,打开气压刹车系统,刹住车轮,同时断开汽车发动机的点火线路。在国家科技部和通用公司共同举办的"中国智能交通系统设计大赛"上,邬口关博和全国的汽车设计专家发表了关于汽车、交通等相关问题的研究成果,而她是唯一被破格允许参赛的中学生。据市场调研,当时我国有2 000多万辆汽车,即使只有20%配备了她的发明,其市场价值也有60亿元。她因此荣获教育部颁发的"明天小小科学家"一等奖。对此,她很平静地说:"我不知道60亿元是多大一笔钱,但我却能感受到一个生命有多重。"当人们向她请教如何创造发明时,她说,创新并不神秘,就是见人之所未见,思人之所未思,只要大胆想象,就可以得到意想不到的收获。

大学生职业素养

实践活动——美食达人

一、任务目标

（1）在家长的指导下，用各种粮食（如米类、麦类、杂粮类等）、果蔬、水产等为原料，配以多种馅料制作各种面点、小吃。

（2）学会利用粉料（主要是面粉和米粉）调制面团，学会揉面、发酵、醒面等操作。

二、任务准备

（1）包子制作材料准备。

（2）春卷春饼制作材料准备。

（3）米粑制作材料准备。

三、任务过程

1. 包子制作

包子是一种饱腹感很强的主食，是人们生活中不可或缺的食物，它是由面和馅包起来的，做好的包子皮薄馅多，可蒸可煎、松软好吃，且又方便携带，还可以做各种花样。

材料准备：面粉、酵母、白糖、豆角、豆腐等（也可以是其他配料）。

（1）准备300克面粉，加上5克酵母粉和5克白糖，我们加糖的目的是可以促进面粉的发酵。

（2）再准备220毫升的温水，我们边倒水边搅拌，将其搅拌成絮状，然后用手和成软硬适中的面团。

（3）面团和好之后，我们盖上保鲜膜，将其进行密封发酵至两倍大。如果是夏天的温度，我们只需要发酵40~60分钟就可以了。

（4）再准备一斤豆角和一块豆腐，锅中水烧开，把豆角放进去，焯一下水。然后往锅内加一勺盐和少量的油，加盐和油的目的是为了使豆角更入味，及豆角焯水后不变色。豆角变软后捞出备用，然后我们将豆腐切成薄片、切成条、切成丁。锅中放入适量的油，然后把切好的豆腐丁放进去煎一下，煎的时候火不能太大，避免把豆腐煎煳。豆腐煎到微微发黄的时候，加入一勺盐，一勺五香粉和10克生抽。然后把所有的材料翻炒均匀，关火放凉备用。豆角放凉后切成小丁，装到盆子里，把煎好的豆腐放凉后也倒进去，搅拌均匀备用。

（5）发酵好的面团有许多的蜂窝状就可以了。然后在案板上撒上一把干面粉，把发酵好的面团放上去，反复揉搓排一下气。

（6）然后搓成长条，用滚刀的方式切成大小均匀的剂子，把切好的剂子撒上干面粉，防止粘在一起。

（7）把所有的剂子按扁，然后擀成薄片。

（8）取一张包子皮，将馅料放置在圆形面片中心，左手不断旋转面片，手掌尽量将面片收拢，右手捏面片将其封闭，直至将馅料全部包裹。

（9）全部包好后盖上保鲜膜再次醒发20分钟，二次醒发很重要，这样做出来的包子口感才会好。

（10）包子醒发变胖后放入蒸锅中，大火蒸15分钟。关火后焖5分钟再打开盖子，这样可以防止包子塌陷，这样包子就做成了。

2. 春卷春饼制作

春卷，又称春饼、春盘、薄饼。是中国民间节日的一种传统食品，流行于中国各地，在江南等地尤盛。春卷含有蛋白质、脂肪、碳水化合物、少量维生素及钙、钾、镁、硒等矿物质，因卷入的馅料不同，营养成分也有所不同。

材料准备：面粉200克、温水110克、韭菜200 g、豆芽200 g、胡萝卜50 g、玉米油适量、盐适量、鸡精适量（也可以是其他配料）。

（1）春卷皮做得好诀窍都在和面上，建议使用高筋面粉，使用高筋面粉做出来的春卷口感更劲道，不易烂。

（2）把面粉和水混合，加入鸡蛋，或者放少量食用盐，和面的时候加水，要少量多次地加，用筷子把面粉和温水（与手温差不多的温水）搅拌成大片的雪花状。

（3）将面倒在面案上，面团揉至表面光滑，用保鲜膜盖好醒 20~30 分钟，反复揉搓后再做春卷皮，这会更劲道。

（4）取出醒好的面团，切成小块，将小面块擀成小圆片，和擀饺子皮差不多。

（5）擀面每层要刷油，一是为了不让面粘在一起，再就是这样蒸出来的春卷皮又薄又劲道。

（6）将压好的一摞面片，用手慢慢捏大捏圆，然后用擀面杖慢慢擀成直径 16 厘米左右的圆饼。

（7）然后摆在盘子里，蒸锅水开后，春卷皮入蒸锅大火蒸 10 分钟左右，蒸好后趁热将饼一张张揭开摆好，防止冷了粘在一起。

（8）将菜洗净，胡萝卜切丝，韭菜切段；葱花爆锅，放入胡萝卜，将胡萝卜炒软；倒入豆芽、韭菜，放入盐、鸡精，一起炒熟出锅装盘。

（9）拿出春卷皮，把调好的馅料放在皮子的一个角落，然后卷起，其余的三个角落涂上一层蛋液，这样包好的春卷就不容易碎开，包好的春卷一般是长方形的。

3. 米粑制作

米粑在湖南、湖北、四川等地也是一道有名的小吃，它的主要原料为大米，里面也可以加入一些野菜，将野菜与大米磨成米浆，经过发酵，再配上白糖、米酒，然后放到锅里煎制而成。米粑外表呈金黄色，吃起来外焦里嫩，同时还有淡淡酒香味，深受人们的喜爱。

材料准备：大米 500 克、白糖 200 克、米酒 100 克、葡萄干 50 克、磨浆机（也可以是其他配料）。

（1）首先找一个干净的洗菜盆，把 500 克米放进去，加入适量清水，把米全部淹到，高出一指即可；放在一旁浸泡 6 个小时，时间到了，就把米淘洗干净，加入准备好的白糖、米酒、一碗清水搅拌均匀；然后用磨浆机磨成米浆。

（2）把磨好的米浆中加入面粉、酵母，搅拌均匀成糊状，盖上保鲜膜发酵 20~30 分钟，如果是夏天，就发酵 5 个小时左右，如果是冬天就再发酵 8 个小时左右，总之，看到米浆表面有气泡产生就说明发酵好了，就可以煎了。

（3）把电饼铛底火调到 200 度，面火调到 150 度，先在锅里刷上一层油，防止煎米粑的时候粘锅，然后用勺子一勺一勺地把发酵好的米浆舀到锅底，稍微整理成圆形。

（4）全部舀到锅里后，在每一个米粑的表面放几粒葡萄干，然后在锅里空位处撒上一点点清水，这样锅里就会产生水蒸气，方便米粑成熟，也使米粑更柔软好吃。然后把电饼铛盖子盖上，蒸2分钟左右即可。

（5）米粑煎至上面松软、下皮金黄，即可出锅装盘，这样一道香甜可口的米粑就做好了。

4. 任务实施记录

请同学们将自己在任务实施的过程中所做的工作、对任务实施的反思和收获记录下来，填入下表中。

任务实施工作单

任务名称		任务实施日期	
任务实施过程			
反思和收获			

续表

任务名称		任务实施日期	
录制的相关视频情况（内容、时长等）			

四、任务评价

请同学们把自己参加劳动的过程录制成视频，要求横屏录制，本人必须出镜并且对视频内容做介绍，MP4格式或者抖音格式，时长不超过5分钟。教师根据学生提交的"任务实施工作单"和上传的视频，来对本任务做出综合评价。

视频介绍语建议如下格式：大家好！我是_____班的_____，今天我要向大家介绍我在假期中学到的一项居家生活和劳动本领，那就是_____，下面就请看我的展示（讲怎么劳动、劳动技巧、注意事项等）。在学习劳动本领的过程中，我知道了_____。

任务评价表

评价标准	分值	得分	评价
视频录制符合要求：横屏、有介绍语	20分		
很好地完成面点制作这一任务，有一定创意	20分		
面点制作过程环节清楚、正确、熟练	30分		
面点制作时使用生活用具正确、能爱护劳动用具	10分		
劳动过程中注意安全、用后收拾好	10分		
参与录制的学生精神饱满、状态好	10分		

参 考 文 献

[1] 江红霞，刘国莲，李佳曦. 职业核心素养与美育 [M]. 北京：电子工业出版社，2021.

[2] 李建峰，董媛. 社交礼仪实务 [M]. 北京：北京理工大学出版社，2021.

[3] 李龙，滕芳，陈天宇. 大学生劳动教育 [M]. 南昌：江西高校出版社，2021.

[4] 李海强，赵军辉. 现代社交礼仪：高职 [M]. 北京：北京出版社，2017.

[5] 彭新宇. 职业素养的诊断与提高：高职 [M]. 北京：电子工业出版社，2018.

[6] 蒋祖烜. 只要主义真——夏明翰 [M]. 长沙：湖南人民出版社，2019.